THE TRUTH ABOUT TALENT MANAGEMENT
人才管理的真相

北京智鼎管理咨询有限公司　编著

企业管理出版社
ENTERPRISE MANAGEMENT PUBLISHING HOUSE

图书在版编目（CIP）数据

人才管理的真相／北京智鼎管理咨询有限公司编著.
—北京：企业管理出版社，2014.11
ISBN 978-7-5164-0952-7

Ⅰ.①人… Ⅱ.①北… Ⅲ.①人才管理学
Ⅳ.①C962

中国版本图书馆 CIP 数据核字（2014）第 233043 号

书　　名：	人才管理的真相
主　　编：	北京智鼎管理咨询有限公司
责任编辑：	丁　锋
书　　号：	ISBN 978-7-5164-0952-7
出版发行：	企业管理出版社
地　　址：	北京市海淀区紫竹院南路 17 号　　邮编：100048
网　　址：	http://www.emph.cn
电　　话：	总编室（010）68701719　发行部（010）68414644
	编辑部（010）68701408
电子信箱：	80147@sina.com
印　　刷：	北京欣睿虹彩印刷有限公司
经　　销：	新华书店
规　　格：	165 毫米×237 毫米　　16 开本　　15 印张　　208 千字
版　　次：	2014 年 11 月第 1 版　　2014 年 11 月第 1 次印刷
定　　价：	39.00 元

版权所有　翻印必究·印装有误　负责调换

序

十年前的春天，怀着一腔把心理学更好地应用于社会的激情，我把在联想集团工作的同窗请了出来，一起创办了智鼎公司。从简单的四人工作室，到如今有七十多人的大家庭。从2004年为第一家国有银行选拔省行行长开始，十年来，我们不改初衷，信守承诺、共同成长、持续完善。为中国企业选准人、用好人，为推动评价中心技术在中国的科学运用，贡献出了自己的力量。

十年来，我们潜心研究人才管理与领导力开发的相关理论，首创了用于识别和提升个人领导力的MAP模型，多次应用于国内大型企业的领导力开发项目，成效显著。正是这个MAP模型，指导了我们的人才选拔和人才培养。更为欣喜的是，我们的很多客户也在使用这个模型来选人用人。

长久以来，我们专注于人才管理咨询，用最专业的理论知识和工具，结合客户的具体实际，在人才标准界定、人才测量、人才发展和人才体系建设等方面协助客户进行改善，完成了一个又一个成功案例。目前，公司已成功出版了6本人力资源专著，成为人力资源从业者的重要参考，并在市场上广受好评。在《哈佛商业评论》、《中外管理》等高端权威管理类刊物上发表的专业文章和研究成果超过百篇。

此次出版的《人才管理的真相》汇聚了我们十年来对实践的探索、理论的创新，同时配合企业中实战的案例分析，将人才管理的知识与方法娓娓道来，期待能够给读者带来新的启发。本书由人才测评篇、人才培养篇、人才体系篇和有感咨询业四部分组成。每篇文章都是智慧的沉淀，由智鼎公司优秀的咨询师们撰稿，曾于国内各大高端管理类刊物上发表，感谢相关杂志编辑在成稿过程中的建议和修订。

感谢智鼎公司优秀的咨询师们十年来致力于人才管理领域的研究与探索及其乐于传播与分享的精神！感谢智鼎公司市场部的天璐和小娴，她们在文字修改、校对和排版方面也付出了大量的心血。感谢企业管理出版社对人才管理领域的看重与支持！

当下，中国又进入了新的改革时期，人才管理驱动战略和绩效的观念已经深入人心。我们相信：智鼎积累了十年的经验和方法论，在帮助组织源源不断地产生关键人才方面必定会大有作为！未来的道路上，我们将更加执着而坚定。

此为序。

田效勋

北京智鼎管理咨询有限公司　董事长

目录 | Contents

序 1

人才测评篇

选人需要"慢思考" 3
人才测评在互联网时代下的发展趋势 5
高潜人才的"喜"与"恶"——留住高潜人才的关键 9
员工道德尝试标准化 12
前瞻性选才让你少受裁员困扰 16
高潜质人才怎么选 24
行为面试中如何辨识"尤虚"之人 27
压力面试,你用对了吗 32
过去预测未来:人事决策靠什么 37
新员工试用期内,企业的风险管控 46
校园招聘的发展趋势 52
如何提高面试评分的准确性——面试过程中的ORCSE过程 62

人才培养篇

好教练"长"什么样 71
开启"导师制"的4把钥匙 73
一种提升领导力的新方法——发展中心 80
点燃人才培养发动机——IDP抓行动学习落地 85
授权与控制 89

什么样的人领导力提升快 …………………………………… 96
用体验式练习提升领导力 …………………………………… 100
领导力发展是个系统工程 …………………………………… 107
PDECC——反馈的艺术 ……………………………………… 114
新晋管理者，如何让员工懂你所需 ………………………… 119
让"80后"与企业志趣相投 ………………………………… 124
企业如何加速核心人才成长——EASE模式破解领导力发展难题 … 131

人才体系篇

激发个体"胜任力" ………………………………………… 141
人才盘点度量HR战略 ……………………………………… 143
打造组织能力，突破发展瓶颈 ……………………………… 147
适应组织文化是新入高管迈步的前提 ……………………… 149
人才"蓄水池"——企业继任计划的关键 ………………… 156
从组织到个人——国有商业银行绩效管理的新趋势 ……… 160
加薪的艺术 …………………………………………………… 170
"涨薪时代"企业薪酬管理何去何从 ……………………… 175
以绩效管理点燃客户经理的热情 …………………………… 180
员工才是开启绩效管理魔方的金钥匙 ……………………… 188
提高薪酬水平一定能留住人才吗 …………………………… 191
如何跑完人才盘点的110米栏——跨越人才盘点拦路虎 … 197
系统性：企业开发胜任力模型的关键 ……………………… 202
人与企业文化的"非诚勿扰" ……………………………… 207
"全球力"：选好"走出去"人才的标尺 ………………… 212

有感咨询业

打开门做管理咨询 …………………………………………… 223
我所理解的"有效"咨询 …………………………………… 226
我做咨询顾问的这些年 ……………………………………… 228
旅途匆匆，愿用青春为你护航 ……………………………… 231
人在差途 ……………………………………………………… 233

人才测评篇

曾几何时，有的企业提出"赛马不相马"，在赛马中识别谁是好马。的确，人的能力素质、个性品质，在现实挑战性工作的历练中，能够更加充分、真实地展现出来。然而，在下面几种情况下，需要决策者用人之前进行科学的人才测评，以确保人才决策的精准性。

企业从外部引进高端人才时，需要对候选人的价值观、能力经验、个性特征进行全面深入地评估。此时，人才和企业供需双方都存在信息不对称的情况，均需要评估匹配性。特别是对于经营管理人才，更需要进行科学测评。

一个高管调到异地任职一把手，需要快速地将产生业绩的人用起来，此时，没有时间进行赛马，最好借助测评，用准人才。

大型企业挑选高潜人才进行重点培养时，更要借助评价中心技术，测评人的潜能。

另外，在人才培养过程中，评估培养对象的能力素质欠缺、优势和风格时，也会用到人才测评，以实现个性化培养，提高人才培养的有效性。

总之，在人才管理的关键环节，还是非常需要高水平的"伯乐"，借助科学的人才测评技术来"相马"的。

■ 人才测评篇

选人需要"慢思考"

田效勋／文

卡尼曼是一位心理学家，曾因对判断和决策的理性模式提出挑战而获得2002年度诺贝尔经济学奖。他的《思考，快与慢》在中国引起了许多人的兴趣，并慢慢地阅读、思考和应用。我是做人才甄选与培养的，自然对他的学说在这个领域的应用产生了浓厚兴趣。

卡尼曼认为，人的大脑有快与慢两种做决定的方式。常用的无意识的"系统1"依赖情感、记忆和经验迅速作出判断，但"系统1"也很容易上当，任由损失厌恶和乐观偏见之类的错觉引导我们作出错误的选择。有意识的"系统2"通过调动注意力来分析和解决问题，并作出决定，它比较慢，不容易出错，但它很懒惰，经常走捷径，直接采纳系统1的直觉型判断结果。

在选人时，管理者会主要依赖哪种方式呢？大量的事实证明，情绪因素起到主要的作用。那些和你经常来往、有信任关系，并常常引发你愉悦情绪的候选人，自然更有机会被你评价为"能人"、"可信赖的人"。在对陌生应聘者的面试中，心理学家也做过一些有趣的试验。如那些和面试官有目光接触、时常点头、微笑的应聘者，即便是说同样的话，也会得到更高的评价。

这听起来有些让人匪夷所思："这么重要的人事决策就这样做出了吗？"是的，在很多情况下，特别是在校园招聘和社会招聘中，这种凭借第一印象和直觉即做出决策，是司空见惯的事情。其结果是，我们很可能招聘到了一些善于给人留下好印象的人，而那些真正负责任、主动思考问题的人，很可能被筛掉了。

人事决策是一个非常系统和复杂的过程，它需要"慢思考"，即由

"系统2"来发挥重要功能。人事决策的目的是预测一个人将来在某个组织中、某个岗位上的表现，这可不是一件容易的事情。首先，你需要对这个组织、这个岗位有深入的了解，才能确定你需要评估哪些个人特征。接下来，你需要设计和给予合适的题目，来引发候选人的行为，从中推测候选人的重点胜任力达到了什么水平，潜力如何，其价值观和个性特征又是什么。然后，对其未来的表现作出预测，包括任务完成情况如何、与人合作如何、是否能够适应新环境等。

要确保人事决策的准确性，需要投入很多资源，包括专业的题目设计、面试官的充足时间等。而在现实中，特别是大规模招聘中，许多组织的面试时间只有20分钟，甚至十几分钟！这么短的时间内，对一个人的未来作出判断，是一件非常困难的事情。面试官更多运用了"系统1"来作决定。此时，面试官很难挖掘到应聘者非常全面、深入和细致的行为信息，也不太可能静下心来和其他面试官仔细讨论自己的发现和评价。

就评价中心技术而言，它是管理者选拔的最好方法，但是，在现实中，许多组织并没有按照规范的程序使用。比方说，评价者要对候选人在不同情景模拟测验中的表现进行充分讨论，最后，对其胜任力作出评价。但是，很多组织为了提高效率，或追求表面上的公平性，在讨论环节投入时间极少，或者不允许讨论。

即便只有20分钟的面试时间，面试官也要利用好，尽量不要凭借前5分钟的信息即作出决策，要有延迟判断的意识，注意挖掘和倾听应聘者的回答，对信息进行整合后，再作出最终的判断。

现实中，很多组织出于效率的需要，只用无领导小组讨论这种形式来面试人。面试官又缺乏经验，其结果往往是：受过训练的、比较健谈的、善于抢机会的人获得高分。这是一个非常可悲的事情。对于一个组织来说，还有比把好人才入口关更加重要的事情吗？

对人才选拔的投资，其回报率是非常高的，这不是一种成本，而是一种划算的投资。有些事情，需要快，而选人这件事，需要慢下来。

人才测评在互联网时代下的发展趋势

曾劲婵／文

最近身边的一位朋友和我们分享了他成功获得新职位的有趣过程。与前几次跳槽经历相似，他在求职网上公开他的简历信息后，很快收到猎头的推荐电话。谈了几家公司之后，都夭折了，要么是他感觉公司氛围不合适，要么是存在比他更优秀的候选人。正当有些沮丧时，他遇到了现在这家公司，不仅对公司文化、直接上级等都非常认可，岗位内容也能够发挥其所长，而且公司方对他也是青睐有加。后来了解到，促成公司一开始对他的关注竟然是来自一份性格测评结果报告。这份报告的非同寻常之处在于报告中呈现了这家公司成立10年来该岗位上最优秀员工的性格轮廓，而我的这位朋友性格轮廓与最优秀员工的性格轮廓极其接近，正是这家公司想要招的人，深入交谈后的印象与报告中的描绘也十分吻合，于是，他便顺利地进入了这家企业。

该公司的做法正是互联网时代下大数据与人才测评技术结合的体现。通过对企业测评数据的分析与挖掘，数据呈现出优秀员工的特点，企业通过对比新进人员与现职优秀人员的特点，一方面是可预测新进人员工作的胜任程度，另一方面可预测与组织和团队的契合程度，大大提升招聘命中率。

人才测评源于西方，最早用于区分正常儿童和特殊儿童，以提供给不同儿童适宜的教育。第一次世界大战以后，人才测评在征兵过程中因为能够快速排查出不合适的士兵，提高作战成功率而得到了大量的应用和推广。随后企业界也开始应用人才测评，最初主要以智力等方面的测评手段为主，随着胜任力概念的兴起，测评的范围也随之扩展到对性格、动机、价值观等多方面的测评。有数据表明，全球已有71%的企业在外部招聘中使用人才测评技术，62%的企业在内部选拔中使用人才测评技术，在中国，相应的数据分别是54%和49%，可见，人才测评技术在世界范围内已有较广泛的应用，在中国的市场也有蓬勃发展的趋势。

如今，随着互联网的发展，企业寻找合适人才的方式正悄然发生变化，相对于以往在传统求职网站上发布空缺职位信息，等着应聘者投递简历，这种以雇佣方主动发布信息的单向沟通模式，逐渐地转变成雇佣方和应聘方基于社交网络互动，进而通过关系网的深度数据挖掘，从而达到企业与人才更为恰当的匹配。在这样的转变过程中，人才测评也将随之发生变化。这些变化将会体现在以下方面：

1. 人才测评的范畴将更为多元化和非结构化

传统的人才测评过程是：测评专家通过系统的设计给予个体"刺激"，如呈现一幅图或一个难题，收集个体被刺激后的"反应"（根据图画讲述的故事或是针对难题选择一个措施），并对反应（即故事或措施的选择）进行分析，从而判断个体的特点。给予个体的刺激经过挑选与设计，在诱发各类反应上有预估的作用，由此得到的反应就能被解释。但是，这种做法的缺点也是显而易见的，首先，刺激固定，诱发的反应有限，可能不足以覆盖人的多样化；其次，刺激固定，容易被识别，熟悉刺激后的反应是否如实就值得商榷（所以在能力类测评领域有曝光度的指标衡量测验好坏）。社交招聘模式和互联网技术的兴起恰恰能弥补这些不足。

基于社交网站的招聘，相对于传统招聘模式，应聘者的行为有了更多展现的机会，行为也更加容易被记录，这些行为包含人们在社会化交往工具上的所言所行，如网上发帖的时间、回复他人信息的频次，内容，语气，倾向于关注什么内容，乐于分享怎样的话题等，这些行为因为在网络的社交环境下产生，是真实的行为流露，利用好这些行为信息，结合人才测评理论，应聘者的人格、兴趣、价值观等特点立即鲜活生动，有助于雇主更早对应聘者进行判断。国外已经有测评公司开始利用基于网络的社交招聘互动信息对人的特点进行盘点，如DDI公司通过实证研究发现在社交性网站上回复原帖数量越多的人比回复数量少的人可能在创意性工作中表现更好。

2. 人才测评的测验形式将越来越像游戏

通常对人的评价会从能力、性格、价值观、动机等方面进行考察，这几个方面中除了能力具有高低好坏，其他几个方面主要从个人特点与岗位或组织是否匹配的角度进行评判。相应地，能力测验通常会通过呈现一定难度的题目对应聘者进行考察，而性格、价值观、动机等方面的素质则主要通过自我报告的方式获得应聘者的特点。这些传统的做法通常被诟病最多的是能力测试像考试，在雇主更为主导的市场情况下，应聘者为了得到好的工作，大多硬着头皮参加，心里却是有抵触情绪的。而性格等测验则主要以自我报告的形式为主，有赖于测评者自我暴露的坦诚度。传统心理测评的这些不足越来越受到测评学界的重视，实践界开始尝试通过游戏对人进行评鉴。

比如在一个测评游戏中，测评者扮演餐厅服务员，根据不同顾客的需要为他们提供餐品，同时根据表情判断他们的情绪状态。通过10分钟游戏，过程中产生了大量测评者的行为数据，如选择顾客的顺序，准备餐品的条理性，对顾客表情做出反应的正确性和速度，行为变化的路径等，这些数据结合行为科学在对人的人际敏感性、思维条理性等各个方面的特点的鉴别提供了大量信息。

研究表明，游戏测评不仅能够有效弥补传统人才测评的不足，而且游戏中的人物行为与日常行为更为接近，在互联网技术和大数据分析技术的发展下，更有助于通过测评达到准确预测个体行为的目的。

3. 人才测评的内容将与工作结合更加紧密

传统的人才测评过程中，测评者往往是被考察者，实施测评的招聘方则是强势的考察方。测评的过程中，企业轻而易举地获得应聘者的信息，而应聘者则可能在对企业了解不充分的情况下被动地暴露自己的信息。互联网时代的到来，信息的公开和连接让人们越来越趋于平等和去中心化，应聘者和组织都能够平等地基于各自感兴趣和重视的方面搜寻更多的信息，比如先与企业的老员工聊一聊，了解工作内容和氛围，从而达到更准确的动态匹配。

人才测评往往是应聘者和组织见面前的第一次"会面",对于组织而言,人才测评不仅仅是鉴别人才的工具,未来也将成为传达企业文化的宣传工具。越来越多的测评系统启用企业色,用企业专有的语言。对于个人而言,测评不仅仅是在接受考察,也是主动了解组织和岗位内容的途径,比如现在越来越多的工作情景模拟测评技术的应用,实际上是给应聘者展现了实际工作容易在什么场景下发生什么问题,可能是人际问题,也可能是任务挑战,让个人提前预计到工作中的问题,对自己是否喜欢或者胜任工作有了提前的判断。因此未来人才测评的内容将会与工作结合更加紧密,让应聘者在测评时体验工作的内容或者方式,帮助进行判断和选择。

对数据的挖掘和利用在人力资源管理工作中已成为趋势,越来越多的企业建立了基于人力资源职能的内部数据系统和分析中心。人才测评本身就是一门基于人类行为数据进行分析的学科,互联网的发展为数据的获取提供了便利,未来,人才测评技术也将与IT技术、大数据有更紧密的联系。

■ 人才测评篇

高潜人才的"喜"与"恶"
——留住高潜人才的关键

曾劭婵/文

互联网时代的到来，技术更新越来越快，新型的商业模式替代传统模式的速度和规模不可想象地快速增长。人才对于企业的重要性体现得越来越明显，特别是高潜人才成为企业竞相争夺的稀缺资源。获得高潜人才的方法有两种，从市场上寻觅高潜人才和从内部发现和培养高潜人才。无论哪一种，我们都需要知道高潜人才都看重什么、哪些组织或岗位特点对高潜人才具有吸引力。

美国爱荷华大学（the University of Iowa）两位研究者Trank C. Q和Rynes S. L.和圣母大学（Universtiy of Notre Dame）的Bretz R. D. 对此问题进行了研究。在他们的研究中，高潜人才取样于刚毕业不久的大学生，专指能力强的人，他们曾经取得的优异成绩作为能力强的证明。其中有一类人属于学业成绩突出者，如在学校里成绩拔尖，在国际或国内顶级竞赛中取得名次；另外一类人属于在社会实践中表现突出者，如曾经在社团工作、学生工作中担任过重要职位或曾经成功创业的人。针对两类人，研究者们对他们的工作偏好做了分析。结果发现，学业成就高（即过往在学业上取得较高成就的人才）和社会成就高（即在社会实践活动中取得较高成就的人才），在选择岗位和组织时有其共同的和独特的特点，如表1所示。

表1

工作偏好	影响因子（值越大，表示影响越大）	
	学业成就高	社会成就高
工作本身的挑战性	0.58	0.34

续　表

工作偏好	影响因子（值越大，表示影响越大）	
	学业成就高	社会成就高
工作的灵活性	-0.23	0.18
广阔的工作发展路径	-0.16	-0.25
培训机会	0.30	0.15
高薪酬	-0.25	0.29
提升机会	0.03	0.47
快速晋升	0.35	0.30
奖励及认可	0.33	-0.05
组织承诺感	0.29	-0.39

从表1中我们能够看到，无论是学业成就高还是社会成就高的高潜人才都非常看重的三项是：

- 工作本身的挑战性
- 能够学习新技能和知识的培训机会
- 快速的晋升

对此的解释是：首先，动机研究发现，曾经取得高成就的人对成功有更高的期望，接受有挑战性的任务，能够让他们更能体会到成就感。这与智鼎公司以往测评积累数据的结论一致。智鼎公司的一项完成句子投射测验中，请完成者填写"在一份工作中，我最想得到的是＿＿＿＿＿＿＿"。学习成绩越好的大学生更容易填写"挑战性"。

其次，由当前人才的流动趋势总结，高成就人才从学校毕业后对第一份工作的选择更加喜欢选择高脑力投入的工作，他们对工作、对技术、对社会都充满好奇，不断获取新技能和新知识的培训机会恰恰满足他们的求职欲望。

最后，快速晋升不仅意味着将要在一个更加有挑战性的职位上任职，同时晋升本身是一个公开的被认可的形式，因此，不难理解快速晋升对于高潜力人才的吸引力。

除了学业成就者和社会成就者在工作偏好上的共同点，从表1中也能够发现他们之间的差异：

学业成就高的高潜人才相对于社会成就高的潜力人才更加看重组织能够给予的归属感，而这种归属感的获得得益于组织基于的认可及奖励。可能由于学业成就高的人习惯于通过类似成绩、分数等这种有形的和确定的奖励与认可获得激励。且因为相对社会经验少，多样化的需求可能还没有被调动起来，因此，如果组织能够让他们有很好的归属感，他们对组织的忠诚度是非常高的。

社会成就高的人则在乎工作能不能被当作一项事业来对待，看重工作的灵活性、高薪酬和提升机会。相对而言社会成就高的人不仅仅在乎内部激励因素，也在乎薪酬等外部因素。同时研究还表明，相对于学业成就高的人，社会成就高的人对组织的忠诚度会更低，他们更容易把组织看成是职业道路的一个过程。同时，社会成就高的人更喜欢在灵活的工作环境下工作，减少对他们的束缚无疑是留住他们的好措施。

这项研究结果对于组织如何吸引和保留高潜人才具有借鉴意义。事实上，大部分组织在对待新进人才时的做法是让他们从基础的工作开始做起，殊不知，对于高潜质人才，从他们刚刚进入职场，赋予其更大的责任，给予其挑战性任务是留住他们的最大法宝。对于学习成绩好的高潜力新员工，即使薪酬不是那么具有市场竞争力，但是给予其足够的挑战，他们就很有可能成为组织未来的领袖。而针对社会成就高的高潜力员工，在价值观认同的前提下，把他们当做做事业的合伙人，不仅有益于组织的发展，也是留住这类员工的关键。

刊发于《中外管理》，2014年3月

参考文献：
《Journal of Business and psychology》，Vol. 16，No. 3 Spring 2002

人才管理的真相

员工道德尝试标准化

企业观察报记者　尚艳玲／文

如何真正选聘到德才兼备的人才，一直是企业面临的难题。难就难在，员工道德不能像能力、才学那样有清晰具体的考察标准，易于进行辨别和衡量。况且，日久方能见人心，对一个人的道德品质的考察往往需要较长时间。

不过，据记者了解，目前，基于新的社会环境下企业对人才道德更为重视，在人才测评方式不断发展的前提下，一些用人单位和人力资源专业咨询机构，开始尝试针对企业的特定需求，用综合性的技术手段对人才的某一方面道德水平进行测评。

量化道德标准是前提

"要测量员工道德，首先企业需要了解自己对员工的道德要求，然后把这个道德要求量化为行为标准，有了标准才能谈得上测量。"智鼎管理咨询公司的首席顾问柯学民对《企业观察报》记者说。

柯学民认为，企业既不能要求员工是个道德上无懈可击的圣人，也不能仅仅提出一些笼统的要求，比如诚信、忠诚等词汇。应该根据企业自身的特点和需求，把道德要求明确化、具体化。

比如，某钢铁贸易企业就找到柯学民，请他帮忙寻找忠诚可靠、有诚信的人。这家企业的经营特点是：资金投入大、运作周期长，但利润较薄。这个企业老总说，他的经营人员都是要一个单子负责到底的，如果在一个人、一个单子上出点问题，那企业整个的资金链条就会出问题。所以，在提拔人才时，在能力才学与岗位匹配的前提下，他更倾向于任用一些真正对企业忠诚的人。

明确了企业的要求后，柯学民和他的团队的任务就是量化道德标准，并通过合适的手段与方法进行甄别。

量化道德标准就是把道德要求行为化。比如要判断一个人是不是讲诚信，需要把诚信具化为几条行为标准，如他是不是轻易给承诺，是否喜欢夸大言辞等。用专业术语来说，这是一个"岗位胜任力建模"的过程。

在这家钢铁贸易企业，咨询师们量化道德标准的过程是这样的：先与企业高层反复、充分沟通，把岗位所需的人才特质要求具体地描述出来。然后，咨询师分别找到企业高管、中层管理者和普通员工沟通，了解他们对忠诚的员工的定义。比如有人说，不抱怨老板的人就是对企业忠诚的人；无论自己承受多大压力也要保证工作质量的人是忠诚的人……

之后，咨询师还会找到领导和员工普遍认为是忠诚可靠的人进行沟通，了解他们的价值观和行为特点。同时，他们也会找到那些被认为"不太靠谱"的人去交谈，观察他们的心理特点和性格。

最后，咨询师会对这些资料进行分析和归纳、提炼，把企业对忠诚的要求具体为几条行为标准和性格特质，并把这些列入对候选人进行综合测评的项目中。接下来就是选择合适的工具和手段进行测评。

交叉运用工具测试

"360度评估等测量工具更侧重于对企业通用素质的衡量，而针对企业特定的素质或道德要求，要在短时间内进行评估，需要有目的性地交叉运用各种测评工具。"柯学民对本报记者说。

值得注意的是，在人才甄选、选拔晋升、培训和员工发展、团队建设等不同阶段进行用人测评时，所选用的工具和方法是不一样的。

记者了解到，目前，用人单位和人力资源专业机构对人员进行道德素质考核时，一般会运用以下几种技术工具或方法。

"人才评鉴中心"模式一般用于选拔晋升阶段。"人才评鉴中心"模式最常用的两种方法是"情景模拟"和"交叉访谈"。在上述钢铁贸易公司，柯学民和他的团队就运用"人才评鉴中心"模式考察候选者的忠诚特质。

咨询师们要求业务伙伴参与，共同模拟了一个客户用巧妙的柔情攻势不断试图贿赂被试者的场景，观察被试者处理这个问题时的心态、情商和方法，以及他的表情、措辞、肢体语言等。"情景模拟要求非常逼真，让被试者不自觉地置身其中时，他的一些本质的品质就会自然而然地表现出来。"

"交叉访谈"是就被试者履历中的某件事，去访谈与此事件相关的不同"证人"，以印证被试者在描述中是否存在作假行为，判断他的诚信度。同时还会辅助运用一些心理测评工具。

包含"情景模拟"和"交叉访谈"在内的"人才评鉴中心"模式，因为能比较客观、科学地对人员素质进行全方位考察，目前受到咨询师们的青睐。

背景调查和履历分析的方法，是在选聘人才时运用得比较多，也是比较简便易行的两种方法。在做道德水平衡量时，同样可以用。比如，要考察一个人是不是具有协作精神，可以通过分析他的履历表，就他的履历访问应聘者之前的领导或同事，了解他在工作中与同事的合作情况。

行为化面试和职业性格测试经常与其他工具交叉配合使用。如要了解一个人是不是真的具有协作精神，仅是背景调查还不够，还需要用职业性格测试的方法，了解应聘者的性格倾向，比如一个有耐心的人、比较谦虚的人、有亲和力的人，他的协作精神就会比较好。"行为化面试"则是在面试中有目的地设置一些工作中会碰到的具体问题，了解被试者处理问题时的思维和行为方式。通过他的行为选择判断他在某方面的道德倾向。

防范道德风险重于测量

虽然综合运用测评工具能对员工的某一方面道德水平进行衡量，但一个人会不会出现道德风险，会因受外在环境的影响而存在很多变量。因此，专家建议，防范用人道德风险重于测量。

柯学民等人力资源专家建议对员工进行"职业性格测试"，衡量员工性格与岗位的匹配度，降低潜在的道德风险。比如销售工作被拒绝的概率很大，如果一个人承受挫折的能力不强，就有可能把负面情绪带到工作中。而急于求成、目的性很强的人也不太适合做销售工作，因为他有可能为了接到订单而对客户做出超过企业服务能力的承诺，为企业带来信誉风险。

此外，对于金融证券等特殊行业来说，建立人才诚信档案很有必要。从业人员一旦发生因个人道德问题对企业造成影响的事情，应永不录用。以此加大特殊行业从业人员"失德"的成本，使之不敢铤而走险。

佐佑管理顾问公司资深咨询师任坤认为，在当前社会背景下，员工的心理和精神状态对工作绩效的影响越来越大。企业需要更加关注员工的心理健康，降低员工由心理失衡而发生道德风险的概率。

未来，越来越科学化的手段或许会使道德变得与才能一样能便宜、快捷地衡量。但从以人为本的角度来说，所有的工具都是工具而已，降低道德风险或许更有赖于从业人员综合素质的不断提高和社会的整体进步。

刊发于《企业观察报》，2013年10月

前瞻性选才让你少受裁员困扰

胡 炜/文

随着国外金融行业多米诺骨牌的倒下，汹涌而来的经济危机正在逐步席卷全球，各大企业纷纷开始寄希望于"大裁员"的大棒，试图能在一片荆棘丛生的道路上开出一条活路。在这轮"裁员潮"当中，通信产业链上的企业同样未能幸免：从用户服务提供商到基础设备提供商，再到涉及终端设备制造的企业，纷纷先后启动了这一传统的手段，力求通过削减人力成本以自保。反观由笔者所在咨询公司服务过的手机制造企业 N 公司，在保持市场份额优势的同时，于近日提出了一个非常小比例（<1%）的裁员计划。在同行业中相比，看上去受到的波及非常小，在这背后有什么故事吗？笔者不禁想起了当时作为外部顾问帮助 N 公司提供员工选聘服务的经历。

对于通信行业，我们不得不说这是迄今为止最活跃，发展最快，同时也是最动荡的知识密集型行业之一。从国际主流的行业研究结果（Kulkki, kosonen, 1999）来看，通信行业存在以下特点：

要在这样一个市场上生存，企业就必须能屈能伸，还必须持续不断地在个人、团队和组织层面上进行学习，不断进行自我的再造，必须把"专注"和"灵活性"在各层面员工的选用上达到很好的结合。这也是一个创新型组织管理知识型员工的最基本要求。而 N 公司正好是这样一个经历过多次蜕变，兼具创新型和学习型组织特点的"智慧型组织"（Intelligent organization）。

当时笔者和同事一起受聘于这家跨国手机制造巨头，帮助其完成全年的核心员工招聘计划。那时正好是整个中国通信行业刚迎来上升期，行业内对各类高级人才的需求不断增长。一时间行业内各国内外公司之间也分别开出了高薪、股权等优厚的待遇来吸引高端人才的加盟，这一时期的人才选聘测评服务主要集中在高端人才选拔上。而针对入门员工的选拔往往采用一些成本低廉、结构简单的个性测验工具进行所谓的"素质"测查。选拔这类员工的注意力更多地集中在相关院校经历、专业经历，以及薪酬要求等方面。

N公司在人才选拔的考虑和战略布局上存在着对行业未来不可预期动荡的隐忧。以此为出发点，在和N公司人力资源总监、各部门招聘经理等反复访谈后，结合行业特点和N公司组织结构特点，锁定了未来招聘计划总体思路："选拔能够很好地适应未来的变革和可能出现的危机，并能够从环境持续不断地学习和对自身持续再造的人才"。

从今天来看，正是在后来的招聘方案制定和执行上很好地贯彻了这一理念，才使N公司在后来面临组织变革和行业环境巨变时能够迅速做出调整，避免了像同行业其他企业出现的人才危机。而且，通过实施贯彻了这一理念的招聘计划，企业在当时选拔到了最具"行业适应力"和"未来潜力"的人才。同时，这些人通过在组织中两到三年的培养，已经成为现今行业人才中的佼佼者，并且能在未来相当长时间很好地适应行业和组织的变革。这正好解答了为什么N公司在面对这次经济危机时对人员的淘汰率最小，为什么这两年该公司异军突起迅速占领并保持了市场份额龙头地位。因为通过两年前的准备，该公司已经最大限度地拥有了全行业最优秀的人才，而且员工在不断自我学习和再造的过程中也加强了和企业的纽带联系，对当前的动荡环境和组织变革保持了很高的适应能力。

从上述咨询案例中我们深刻体会到：把握住能够很好适应未来发展和变革的人才的企业，往往比仅把握当前胜任人才的企业更富有竞争力和适应力。

对员工高成长性和变革适应性要求强烈的知识密集型行业来说，上述理念尤其适用。那么如何在招聘过程中去把握这种对于本行业有良好"未来潜力"和"适应力"的员工呢？我们来看看，为N公司提供的核心员工招聘流程中有哪些值得我们去深入总结和思考的地方：

用"基于未来的工作分析"和"双维预测"来提升招聘流程各环节对未来绩效的预测能力。

有别于同行业其他企业,在方案制定之初,N公司人力资源部门和外部咨询顾问就达成了一种默契,一定要找到属于N公司自己的、适应未来发展的通用胜任力和基于行业和组织特点的专业胜任力。并同时从两个维度着手,去发掘各岗位潜在的人才素质需求。

通过对企业决策层领导、人力资源部门、各部门招聘经理等全方位的访谈和问卷调研,以及通过团体焦点座谈的方法,让企业各层面的人员持续地思考和回答:我们未来的工作模式和现在的模式中对人员胜任要求中,稳定不变的要素是什么?

再经过我们反复地甄别和筛除,从而建立了基于未来变革和发展的人岗匹配通用胜任力模型和基于行业和组织特点的专业胜任力模型这样一个"双维预测"模式,并辅助开发了相应的招聘流程。如图1所示。

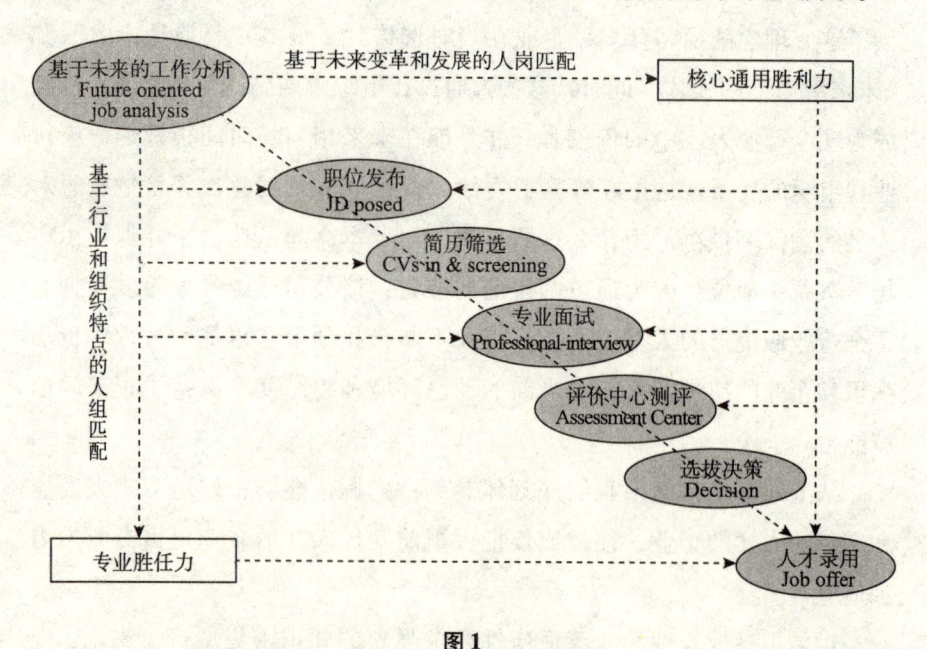

图1

过去,在类似通信行业这样的知识密集型行业,尤其对于该行业中专业性较强的技术工作,更多是采用基于岗位技术胜任力的选拔这种单维预测模式。采用单维预测模式来选拔能保证个人的专业能力和基础素质，可能会在用人之初给决策者比较好的"感觉"，但无法确保在未来长周期内个人所能持续达到的业绩水平。对于需要不断创新和自我再造的知识密集型行业，18个月进行技术更替的"摩尔定律"早就被信息爆炸所突破。对从事该类行业的员工而言，短时间更新知识、技能的要求越来越高，员工所要承载的信息负荷强度越来越大。这就决定了我们在选才之初，必须把眼光放到能决定员工"在行业中对未来适应"的那些胜任力上去。

"基于未来的工作分析"正是"对症良药"，即在原来对岗位要素分析的基础上加入对行业和组织特点的分析，并在原来静态分析的基础上加入时间维度，从行业未来趋势上找寻能够持续胜任工作的一般性要素。

在确定招聘流程的同时，通过既往对人才测评的研究积累，结合国外相关行业研究的分析。在会同N公司管理层反复讨论之后，确定了N公司系统支持、专业技术、市场、管理四大序列，共11类职位的核心通用胜任力的和专业胜任力，如表1所示。

表1

核心通用胜任力	专业胜任力
• 持续学习（Long-term studying）； • 认知能力（Cognitive ability）； • 创新意识（Innovation potential）； • 自主进取（Taking initiative）； • 团队精神（Team working）； • ……	• 行业领悟（Expertise in business）； • 专业能力（Specialized ability relevant to task）； • 知识应用与传播（Applying and sharing knowledge） • 以组织价值为行动典范（Role modeling the organization's way and values） • ……

对于核心通用胜任力，关注的是应对N公司所要面临的行业变化和组织变化，以及持续的技术革新等过程，需要员工不断地锐意进取，重塑自我。同时，行业的特点对员工在竞争形势下的合作意识提出了很高的要求。因此在深入挖掘行业特点的基础上形成了如表1所示的核心通用胜任力。通过组织对绩效优秀的员工与绩效一般员工的比较，结合既往国外研究分析，表1中列出的核心通用胜任力能够较好地预测员工在

该企业中持续三年的绩效改进水平（＞0.65），是和招聘计划之初企业提出的选才思路高度一致的。

对于专业胜任力，在各胜任力维度下又针对岗位进行了具体化，例如：渠道管理就是市场序列下，销售类职位必须具备的一项专业能力。而加入时间维度后，需要我们进一步地考察对渠道的研究和调查，并形成渠道管理计划和应对渠道变化的措施的能力，称为战略性渠道管理。

并且，在专业胜任力中着重强调了对组织价值观感受和对行业知识领悟力等方面的内容，以期在未来所选拔的员工能够跟随组织一起在行业中先行而动，很好地适应持续的行业技术变革或组织变革。

在近期国外组织行为学研究中，多层面匹配（Multilevel fit）是从事人才选拔研究或咨询工作专家相对比较认同的，提高选才准确性和所选人才未来绩效预测性的较好方法。并且，一般认知能力被认为是未来绩效的最有效预测因子（Neil Anderson，Filip Lievens，etc，2004）。从 N 公司的胜任力来看，既有基于人-岗匹配的专业能力等维度，也有基于人-团队匹配的团队精神等维度，还有关注人与组织价值观等因素之间关系的人-组织匹配因素。能够较好地从多个层面去预测所选员工在整个行业环境中的可能绩效水平。

再加上对不同胜任力维度，侧重于从能确定对未来绩效结果产生影响的核心行为着手，去构建一个双维预测（Bi-modal predictive）的选拔标准，能够较好地确保所选人员的成长性和适应能力。那么在招聘流程中如何设计不同的环节来保证上述双维预测模式的测查呢？

不同的选拔测评工具有自己独特的适用性，而且，对工具进行不同的内容设计也会带来测查内容有针对性地发生改变。

经过精心的设计，我们将双维预测模式的测查思想贯穿在招聘的各个环节中。从发布职位信息伊始，就已经将胜任力信息公布在对岗位的描述中。

我们力求将岗位描述尽量地量化和行为化，目的是能够让应聘者比较容易地理解岗位要求，并通过对自身的分析和比较来抉择自己是否达到岗位的基本要求，形成筛选的第一个阶段，我们称之为"自然筛选"。

人才测评篇

但在我们实际的操作中难免会有应聘者对自我了解不够清晰，也和其他应聘者一起进入到了第二阶段：简历分析与筛选。

在简历分析和筛选阶段，我们更多是通过设计好的履历分析表来排查专业胜任力不太符合，尤其是专业能力和组织价值观不太相符的应聘者。力求让专业胜任力符合要求的应聘者进入到后面的测评阶段。

确定了入围测评的人员后，会先由招聘经理和人力资源经理共同组织的考评小组进行专业面试，对于研发类专业性要求较强的工作还会组织计算机化的一般认知能力测试和专业笔试。择优选择应聘者进入到后面的评价中心测评环节。

在评价中心环节的测评，有针对性地选择了无领导小组讨论和结构化行为面试两种方式。主要从员工未来经常性工作情景（如：研发团队计划讨论会等）来设计测评工具的内容，力求通过基于情景的评价中心测评，发掘出行为模式与胜任力要求相匹配的应聘者。在N公司的评价中心环节，是由经过培训认证的外部测评顾问和招聘经理共同担任评价者。

测评结束后，各环节的评价者会进行当面或电话讨论，并在达成一致结果后形成胜任力测评报告，提交招聘决策者进行最后的决策。最后就是和选定员工的沟通与录用，通常由人力资源部门来主持完成。

评价中心技术涵盖了面试、角色扮演、无领导小组讨论、案例分析、公文筐、口头呈现、事实搜寻等多项技术。在开发招聘流程过程中，我们既要考虑企业的招聘成本，同时也要最大限度地在招聘流程各环节有效地测评应聘者的胜任力水平。这就需要我们非常清楚各个测评技术所适用的测评内容。同时，结合双维预测模式来系统性地设计整个测评过程，有针对性地选用最适合的技术，使招聘流程既能有效地控制成本，同时能对个人未来绩效有较好的预测性，还能便于企业随时组织实施，见表2。

表2

	测评技术	测评维度	使用范围
01	结构化行为面试	多项维度	选拔、发展、诊断
02	案例分析	问题分析 决策力	选拔

续表

测评技术	测评维度	使用范围
03 口头呈现	表达能力 说服影响能力	晋升
04 无领导小组讨论	团队精神 人际敏感性	选拔
05 角色扮演	个人领导力/影响力 冲突管理	晋升
06 事实搜寻	问题分析 倾听技巧	培训
07 管理游戏	团队合作 计划与组织	组织发展
08 ……	……	……

从为知识密集型企业选才的经历来看，这种类型的企业时常需要技术型员工在团队中共同协作来完成一项有创意的工作，或者是需要管理者们经常性地坐在一起进行快速有效地"头脑风暴"讨论，形成新的管理理念和办法，或者需要多个销售经理协同作战快速抢占市场的先机。因此，在工具选择上，采用无领导小组讨论，能够很好地预测个人在团队工作情景下，如何在面对分歧或矛盾时推动沟通进展，促成风格迥异的人员向着同一个方向迈进，最终达成一致结果的行为模式。

结构化行为面试作为一项必要的测评技术，能通过个人对过去关键事件的回溯，从对实际事件的情景、任务目标、采取的行动、达成结果（STAR）这四方面进行结构化的分析。并和胜任力要素的行为指标进行比对分析，确定应聘者在核心通用胜任力上是否达到工作要求的水平。因此，对于应聘者的测查，往往以上述两项工具组合，再辅以笔试测评或计算机化的认知能力测评，可以对个人未来绩效达到较好的预测效果（0.56～0.65）。同时，也能有效避免使用过多工具带来成本的增加和组织实施上的麻烦。

而对于一些特定的职位，如客户服务人员，在上述技术基础上，可以进一步采用角色扮演的方式来真实模拟现实工作中的情景，以测查一对一服务工作情景下个人所表现出来的行为模式。

人才测评篇

因此，在选取适合的测评技术基础上，也应根据工作分析的内容，对测评技术的内容进行更有针对性的设计，这里推荐使用工作取样法，以实际工作中的典型案例作为内容设计的来源，才能真正做到有的放矢地去选拔人才。

相对于可以随时照搬照套的传统员工招聘流程而言，这套基于未来选才的双维预测模式招聘流程从开发成本和时效性上要略输一筹。但对于具有持续变革和动荡，并依赖不断创新来克服产品生命周期短等不足特点的通信行业，从选人之初就牢牢打下扎实的基础，无疑为后续的人力资源管理、开发等工作都能埋下深刻伏笔，为企业应对未来较长周期潜在的人才危机，同时降低人力资源开发和利用成本打下坚实的基础。

基于未来选才，要求我们必须从一开始就实施基于未来的工作分析，找准影响未来绩效持续改善水平的关键胜任力要素，从行业、组织、岗位多个层面建立测评选拔体系，并在招聘流程的建立上做出有针对性的取舍，使招聘工作的成本和有效性都得到相应的最大化。

综上所述，作为人力资源的工作者，在设计本企业的员工招聘流程时，应有意识地站在组织未来持续改进和自我创新的方面去思考，并有针对性地设计招聘流程各环节，使组织从一开始就站在未来的起点上，甩开同行业竞争对手，大步流星向前奔跑！

刊发于《HR经理人》，2009年1月

高潜质人才怎么选

田效勋 / 文

这么快又到校园人才争夺战的季节！重视可持续性发展的企业把校园选聘人才作为一项重要的人才补充战略，将校园人才视为生力军，非常期望从中选出高潜质的人才，接力企业的未来成长。但是，在吸引和选拔校园高潜质人才过程中，出现了诸多困惑。总结起来，有如下几个方面。

一、高潜质人才的特征是什么

高潜质人才的首要特征是具备批判性思维（critical thinking，以下简称 CT）。CT 是一种理性的质疑，是对权威、专家或多数人的说法进行独立、深入思考。刚刚辞去 CEO 角色的乔布斯就是一个典型的高 CT 的人，正是由于他的 CT，才开创了一个新的时代。CT 不是看什么都不顺眼的"愤青"，而是一种独立的思维能力，对于合理的思想也会纳入自己的知识结构之中。CT 是一种技能，更是一种个性特质。研究 CT 的专家将具备 CT 倾向的人的行为概括为 7 个方面的特征（见表1）：

表1

寻求真理	即便结果不支持自己以前的判断也愿意探究其真实情况，而不是为了赢得争论。
思维开放	意识到自己的偏见，对分歧的观点宽容
分析性	善于运用依据和合乎逻辑的推理形成结论，对问题情景敏感，能够预见事物的发展趋势
系统性	思维有结构、有秩序，对复杂问题能够专心探究，能够跳出系统分析问题
成熟性	不仓促下结论，必要时也能在信息不全面时作判断，认识到问题的复杂性，不是非黑即白

续表

好奇心	对新事物乐于探究"是什么"和"为什么"
自信心	对个人的推理能力有把握

当今企业面临的环境是复杂的、不确定的、变化的，只有对信息进行 CT，才能做出准确的判断，抓住新的机会，引领变化，而不是一味地做跟随者。

除了具备 CT 之外，高潜质人才的另一个特征是追求卓越的心态和与人协作的能力。追求卓越才能不断学习，才能珍惜复杂任务锻炼才能的机会。与人协作，才能为个人创造良好的工作环境，赢得支持，共同发展，共同达成团队目标。

当然，如果一个人和组织的文化不匹配，也就谈不上潜质高低了。因此，在校园招聘中，也要重视考生价值观的考察，看看是否和组织一致，相差太远一定是不行的。

二、高潜质人才在哪里

从名校中招聘人才，是很多企业的选择，因而出现了名校招聘扎堆现象。从概率上讲，名校高潜质人才多，从中选人的成功率会高一些。但是，名校中一个班级的学生质量也是有一个分布的，也有一些潜质一般的学生，甚至会有少许不合格的学生。大家都去争夺这部分资源，必然会抢到一部分上述分布中的低端人才。更何况，许多企业的工作岗位未必需要这些名校的人才来做。我有一个客户，从名校选的人 2-3 年内基本上都走光了。人都走了，即便是再优秀，和我们又有什么关系呢？

因此，如果企业能够提供富有挑战性的岗位和有竞争力的薪酬水平，或者管理水平足够高，能够留住名校人才，不妨多从名校招聘一些人才。但考虑到人才结构的合理性问题，以及上文提及的原因，不能全都从名校中选人。要重视从一些排名中上的学校中选择人才，这些人才综合实力不弱，也能够踏实工作，积极进取。

三、高潜质人才怎么选

针对高潜质人才的三项主要特征，选择高潜质人才要用三种方法：一是批判性思维技能测验，二是行为面试，三是模拟情景。

针对高潜质人才的批判性思维技能测验，测量的是考生对现实信息的分析、评价和推理能力。它和抽象的逻辑推理题目有些不同，是对日常工作和生活问题的分析判断。

行为面试主要关心考生过去是否表现出积极上进的心态，是对追求卓越与否的评价。

情景模拟，如小组讨论，提供了表现考生真实行为的机会。考生是否以开放的心态与团队成员一起合作，共同达成团队目标，并以批判性思维来分析和解决问题，在小组讨论这类模拟场景中，是能够看得比较清楚的。

刊发于《智鼎通讯》，2011年9月

行为面试中如何辨识"尤虚"之人

高禄/文

三国时代的刘邵在《人物志》中提到"失缪之由,恒在二尤。二尤之生,与物异列。故尤妙之人,含精于内,外无饰姿。尤虚之人,硕言瑰姿,内实乖反"。这里的"尤虚"之人是指华而不实的人,言语夸大,但实质与其外在形象及说法却是相背离的。极端的"尤虚"之人就好似我们现在说的"金玉其外而败絮其中"。如果将这样的人招聘进来,会发现他的实际工作水平和之前"感觉到的"和他"说的"有明显差距。

为何会有这样的人?

趋利避害是生物的本能。在涉及个人利害的情况下,我们会习惯性地将事情引向对自己有利的一面。在面试中,就体现为期望让面试官认为自己是优秀的。这在心理学上称之为印象管理。简言之,即试图让别人以自己期望的方式来看待自己。在面试这样一个未知、充满竞争的环境中,绝大部分人希望展现自己优秀的一面,在与面试官互动的过程中,不断地判断两类信息:①我讲的内容是否"完美"地展现了自己?②面试官怎么看待这些内容?

面试往往是面试官和候选人的博弈。那么作为人才招聘者怎样在博弈中获胜呢?

博弈1·辨识讲述方式

"尤虚"之人在表述事件时,从其对内容的描述方式上看,常有如下三个特点展现:

其一,过多修饰。"尤虚"之人在面试中使用形容词的频率明显高于一般面试候选人。除辞藻华丽外，其讲述内容往往叙事性强，引人入胜。

其二，乐于互动。"尤虚"之人很在意与面试官的互动过程。他们使用自问自答、反问等表达方式也会明显高于其他候选人。通过提问，引发听者的思考，引起共鸣，引导听者向他期望的方向思考问题，从而带领面试官完成一次华丽的面试之旅。

其三，表述流畅。流畅是他们陈述问题时的共性，但在需要回答细节问题、举例实证数据和验证结果方面时，答案通常会显得模糊。

博弈2·辨识所讲内容

从STAR模型角度分析来看，"尤虚"之人在讲述内容时会有如下特征：

S（背景）浓墨重彩。扩大事情的影响力；或对背景进行详细分析，从周边环境、政策变化到普及基本概念，乐此不疲。

R（结果）几近完美，好似顾及了多方面；谈论很多自己的感受与总结。这些感受听起来在理而且准确，但只是依旧停留在分析层面。

对于T（目标），常常通过设问的方式提出，引起听者的注意。

但是涉及A（行为）恰恰需要详细说明的方面，其描述却很少，尤其缺少具体行为和举措的描述，可能仅仅是"采取了相应的措施"，或者几条笼统的方法一带而过。与S（背景）和R（结果）的语言陈述比较，A（行为）在语言的运用篇幅上明显不足。

博弈3·辨识行为风格

"尤虚"之人的行为风格，大体有个共同特点，即语音、语调富于变化，故事讲得绘声绘色，用抑扬顿挫的语调来描述整个事情。"尤虚"之人通常是个好的演讲者，好的沟通者，讲话有感染力，能抓住听众的神经。同时，手势、姿态、表情都比较丰富，候选人营造出让人身临其境的感受，将气氛烘托起来。

■ 人才测评篇

这里抽取实际面试案例中的一小段，大家可以按照上述几个方面试着分析（见图1）：

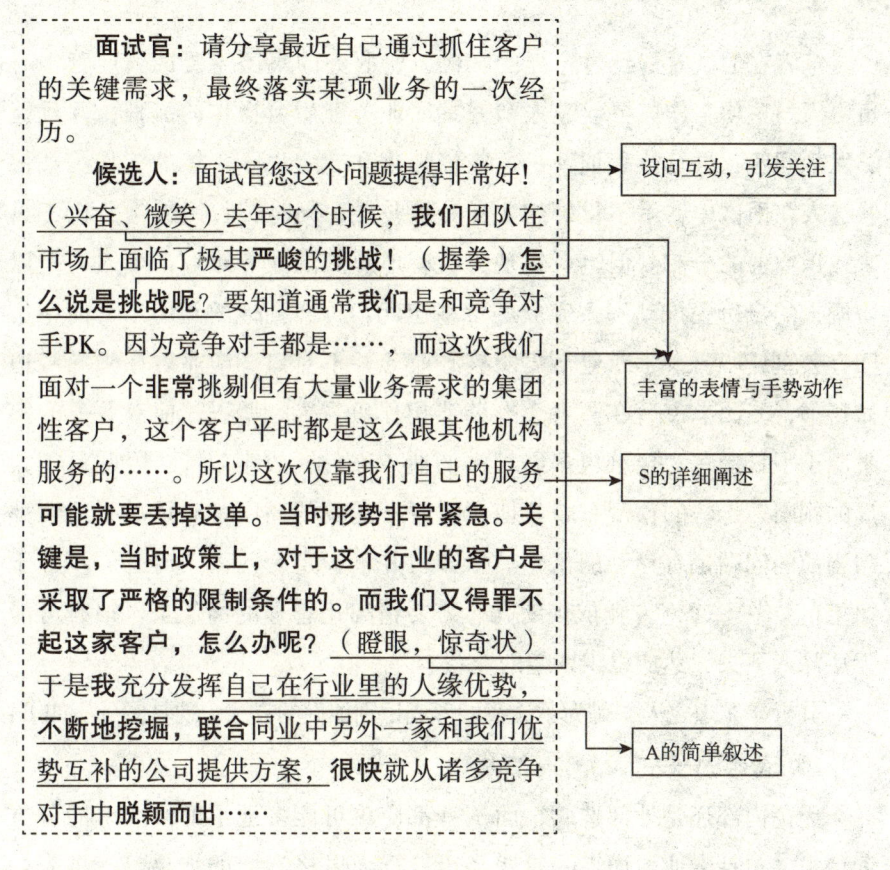

> **面试官**：请分享最近自己通过抓住客户的关键需求，最终落实某项业务的一次经历。
>
> **候选人**：面试官您这个问题提得非常好！ → 设问互动，引发关注
> （兴奋、微笑）去年这个时候，**我们团队在市场上面临了极其严峻的挑战！（握拳）怎么说是挑战呢？** 要知道通常**我们是和竞争对手PK**。因为竞争对手都是……，而这次我们 → 丰富的表情与手势动作
> 面对一个**非常挑剔但有大量业务需求的集团性客户**，这个客户平时都是这么跟其他机构服务的……。所以这次仅靠我们自己的服务 → S的详细阐述
> **可能就要丢掉这单。当时形势非常紧急。关键是，当时政策上，对于这个行业的客户是采取了严格的限制条件的。而我们又得罪不起这家客户，怎么办呢？**（瞪眼，惊奇状）
> 于是**我充分发挥自己在行业里的人缘优势，不断地挖掘，联合同业中另外一家和我们优** → A的简单叙述
> **势互补的公司提供方案，很快就从诸多竞争对手中脱颖而出**……

图1

博弈 4 · 辨识行为动机

获得良好印象的这一需求，占据了尤虚之人实际工作中成就动机的主要来源。心理学上将这样的动机称为外源性动机。比如领导的赞赏、同事的认可等让人"有面子"的物质或精神激励。在候选人所述内容中，可以从他当时的想法、做判断的原因，他对结果的认识，以及对他人反馈评价的看法等方面进行分析，以获得对其动机的评价证据。另外，也可以用投射测验的方式来辅助面试。

博弈5·辨识背景，整合信息

笔者在面试时遇到过这样的案例，所服务的集团需要选出运营中心负责人。这项工作需要候选人精通集团业务在后台操作的流程，并且能够发现问题，进行流程创新，是集精细化和专业化于一体的工作。某位候选人在面试中展示了很好的业务分析技能，同时擅长用战略分析工具来认识业务的全貌。但笔者发现，所有他提到的业务难题，个人均是以协调人的身份去推动别人完成的。基于此，再回溯他的经历：目前在集团办公室任职，大学专业与集团核心业务并不对口。毕业后在领导身边做秘书，集团上市后在董事会办公室担任负责人。所以，他对业务的熟悉源于平日撰写、接触很多组织内的业务文件、战略政策。因此对于大局的判断、走势的预测有着其他竞聘者不能及的高度。而且对于运营部门当前的问题也有自己的认识。但知行并不一定合一，"知道"不等于"做到"。在一个对专业依赖度高，需要精细化管理的岗位上，很有可能无法深入下去，达成组织期望的业绩。

分析"尤虚之人"是为了让我们形成识别他们的方法，现具体分析如下：

面试前——广泛收集信息

无论内部还是外部选聘，面试官都应该可能多地了解候选人的各方面信息。包括专业、详细的履职经历、行为风格测验的结果等。事先的工作分析不仅局限于岗位描述，而要更充分地获取现在这个岗位上优秀业绩人才的关键事件。同时，还要对完成工作目标的一些"规定动作"（管理举措、业务能力、工作思路等）做详细的调研。

面试中——关注实践能力

面试方法首选行为面试，可以了解到候选人过去真实经历中的具体行为。充分利用面试时间，详细获知候选人做的具体行为事件，通过候选人过去行为事件中展现出的实践能力特点，匹配任职岗位。做到对实践能力的准确判断，需要理性分析具体事件。同时，要"观其长而知其短"。展现出的某方面实践能力长项，可能对应了某方面的短板。比如反复收集到候选人在宏观分析方面很突出的时候，要及时去琢磨他在细节关注与落实上是否有欠缺，要追问细节证据。可辅助使用投射问卷，从心理学精神分析的角度，探究候选人的行为动机。

面试中——辨识谎言？

不能说"尤虚之人"就一定会说谎，他们更多是过于渲染。但对于过分的渲染和夸大，就有说谎的嫌疑。行为面试中的"谎言"通常有四种情形：

刻意改编：为了迎合面试官把行为事件进行重新加工和编撰。

选择性遗漏：把那些自认为对自己不利的细节故意遗漏掉。

选择性扩充：就是俗话说的添油加醋，增加或赘述一些内容来突出自己。

强行关联：把本来与目标问题不相关的内容，强行加上相关的"帽子"。

"说谎"的人表现出来的行为和从属内心的生理能量往往是相反的。因此说谎的表述，要么过于模糊化，要么过于细节化。同时在肢体语言、面部表情上会有很多"不自然"的反应。善于"谎面"的"高手"往往会选择遗漏或扩充的方式。毕竟，自己完全编造一件子虚乌有的事情，对克服心理障碍要用到的生理能量的要求是很高的。因此，用好追问，对把握选聘对象信息真实性往往会起到事半功倍的作用。

面试后——记录后复盘

面试现场的评价有时会受到现场某些细小事件的影响。"复盘"是对候选人轮廓全貌，对所描述过去经历事件全貌，能力、行为风格全貌的整体分析与回溯。有助于抓住表象下的本质。

尤虚之人，真的就不好吗？其实也不尽然。尤虚之人，善于表达、渲染，敢"忽悠"，在人际上有良好的互动和影响力。所以不光要识人，还要考虑用好人。

识人和用人不能完全等同，识人是基础，用人还要看实际情况。但这两个过程都是对复杂信息的整合，需要面试官能在脑中容纳相反的证据和信息，还要能抓住其中的关键和联系。

刊发于《中国培训》，2014年5月

压力面试，你用对了吗

葛振林 / 文

Tracy 前不久刚从原来的公司跳槽，一直马不停蹄地奔波在各种大大小小的面试中。最近一次面试经历让她苦不堪言，并发誓以后再也不会去这家公司，也不会使用这家公司的产品。

当日的面试过程依然历历在目。

面试官看过简历后问：

"这就是你的简历吗？怎么这么差？"

"你不是本地人吧？听不懂本地话，以后怎样开展工作？"

接下来一连串咄咄逼人的提问，让她喘不过气来。

面试官问："假如把你分配到大西北，车子一连开几个小时都见不到人影怎么办？"

Tracy 答："既然选择销售岗位，我做好了吃苦的准备。而且我很喜欢做销售。"

谁知面试官立刻否定："销售不是喜欢就能做的，需要能力。"

Tracy 答："既然我喜欢，我一定会努力做好。"

面试官并不满意："起码从现在看，我觉得你的能力不行，为什么要招你？"

Tracy 答："我刻苦、勤奋，喜欢与人沟通……"

还没等 Tracy 讲完，面试官就反问："工作刻苦就行了吗？而且我也看不出你沟通能力有多好。"

……

面试官不友好的发问，让 Tracy 十分疲惫，她感觉受到了侮辱。虽然知道这是压力面试，但整个过程令她十分不愉快。

在竞争日益激烈的环境中，企业越来越倾向于寻找能接受挑战、抗压力强的高素质人才，很多情况下，压力面试被运用到招聘选拔中。然而，如何用好压力面试，是企业值得思考的问题。

何谓压力面试

压力面试是指面试官有意制造紧张气氛，观察应聘者现场反应，以此预测其未来工作中的压力承受能力、应变能力和人际关系处理能力。通过对文献的分析发现压力面试存在以下优势和不足：（如表1）

表1

优势	不足
①应聘者不易掩饰	①对面试官能力要求较高，面试局面不易掌控
②招聘特殊岗位的人才的必要手段	②把握不当，容易使企业错失适合人才
③能考察承压、应变和人际沟通能力	③可能给考生造成不好的体验
	④可能会损害企业形象或引起法律纠纷

因此，我们在使用压力面试时要慎之又慎，必须分析在何种条件下才可以使用，使用时要注意哪些地方等。研究发现，压力面试对于某些特殊行业和重要岗位的招聘有效果，以下几种情况相对比较适合使用压力面试。见表2。

表2

适用范围	举例
特殊行业工作者	外科医生、警察、消防员、飞行员等
企业重要岗位	企业中高层管理者等
有特殊要求的岗位	银行柜员、办公室秘书、产品销售、财务等

如何使用压力面试

（1）有效的压力面试，不仅需要做好面试现场的工作，更要做好面试前和面试后的相关工作。见表3。

表3

环节	主要内容
进行岗位分析	• 了解岗位的需求和主要工作内容、职责等事项，制订出招聘计划书。
搜集关键行为	• 梳理出招聘岗位的核心能力模型。 　如：银行大堂经理的核心能力包括客户导向、沟通影响、承压能力、责任心等。 • 搜集招聘岗位上的突发情况或压力情景，以及岗位上绩优和绩效一般的行为表现。 　如："态度蛮横的客户，出言不逊"，"客户在柜台一元、一元地存，故意刁难"等类似压力情景。
设计面试题目	**背景题** • 从应聘者简历中分析出疑点，进而提出压力面试问题。 　如：简历上的两段工作经历时间有重叠，为什么？ **行为题** • 通过应聘者以往面对压力和突发状况时的处理方法判断应聘者的压力承受能力。 　如：请讲述你曾经感到压力很大的一段经历？ **情景题** • 给应聘者呈现工作中可能遇到的压力情景，观察他们在假设的情景中如何应对，来预测未来可能的行为。 　如：你是某银行的一名大堂经理。一天，在很多客户排着长队等待的时候，一个客户突然插队来到柜台前，大声抱怨柜员操作速度太慢，扬言要投诉，并要求把账户里的近百万元存款全部转走。这种情况下，你会怎么做？
设计评分标准	• 依据绩优人员的典型行为，设计题目的评分要点。 　如："把客户引到旁边房间，让其远离其他客户"、"顾忌客户感受，耐心安抚客户"等。

（2）面试中。见表4。

表4

主要内容	备注
营造压力氛围	• 通过对场地布置、面试官态度、面试形式设计来渲染和强化压力氛围。 如：适当地沉默；设置较难的情景障碍等。
观察、聆听和追问	• 不仅要观察应聘者的神态表情、肢体语言等外在行为，还要判断应聘者应对问题的做法是否合理。 • 可以对应聘者的回答进行层层追问或设置难题。 • 行为题可就事件的背景、目标、行动和结果进行追问， 如："当时的背景是什么？""你都做了些什么？""有什么证据证明你做得不错？"等。 • 情景题可在应聘者回答完时突然加入新的突发问题。 如："你这么做后，还是没有效果，这时记者突然来到现场，你怎么办？"
做好面试记录	• 要对观察到的情况进行详细记录，为评估工作提供事实依据。 • 记录最好是原话，而非加工过的评语。

（3）面试后。见表5。

表5

主要内容	备注
评估应聘者表现	• 依据评分标准和应聘者的行为表现，为其承压能力赋分。 • 观察应聘者在其他环节中的承压表现，以相互补充和印证。
做出必要的解释	• 压力面试中的题目设置可能会比较"尖锐"，结束后，必须向应聘者做出及时的解释，以免引起误会。

使用压力面试，还应注意些什么

企业在招聘中使用压力面试，除了上面提到的流程和内容外，还有一些需要注意的地方。

（1）压力面试不能单独使用。

面试的目的是招聘到符合岗位要求的人员，使用单一工具会存在决策风险。因此，需要通过心理测验、情景模拟、结构化面谈等多种测评工具的组合来全面考察应聘者的能力素质。

（2）压力面试要尊重应聘者。

对于一些可能会涉及个人隐私或者带有人身攻击的问题一定要避免使用。同时，在压力面试中，避免向应聘者询问各种奇怪的、与岗位所需能力素质无关的个人问题，以免引起应聘者的质疑。

刊发于《中国培训》，2014年4月

过去预测未来：人事决策靠什么

田效勋/文

预测未来总要冒风险

人们对未来会发生什么永远都抱有浓厚的兴趣。但任何对未来的预测都是要冒风险的，尤其在这个处处充满不确定性的时代，比方说，谁能准确哪怕是大致准确判断中国股市 2008 年年底的走向呢？又有谁能够准确预测全球变暖带来的后果呢？

我作为一名职业的人事决策顾问，自然感兴趣的就是预测一个人未来的业绩和表现了。对一个组织来说，最重要的事情莫过于在关键岗位上配置合适的人才。人事方面的决策历来都是最重要的决策。最近，全世界都在关注的一个焦点问题就是：美国新选出来的总统——奥巴马，他能够带领美国人民走出危机吗？对美国人民来说，这恐怕也算是最重要的人事决策事件了吧。人们凭借什么来选择奥巴马而不是麦凯恩呢？一定是对两个人未来的不同预期所导致的选择。那么，进一步说，这种预期或者预测的根据是什么呢？我想更多是根据两个人在竞选过程中表现出来的主张、才能、个性。但是，奥巴马的超级竞选才能能够在短时间内转化为现实的执政才能和领导能力吗？

演讲才能不等于实际能力

很多组织也采用类似竞选的方式对候选人进行评价，如竞聘演说。这种方式对于工作思路、口头表达、压力承受能力的测量会有一定的效果，但是，对于许多演讲才能和外在形象不怎么出众的人则可能会吃亏，从而出现评价偏差。在实际工作中，有多少场合需要演讲呢？另外，非常重要的是，说的好不一定做的好。在实际工作中，有许多管理者踏实敬业、主动创新，遇到困难百折不挠，但这些人未必是演讲的高手。奥巴马健康、阳光、年轻的外在形象以及具有煽动力的演说，当然会俘获许多年轻人、女人、社会基层群众的心。他领导团队、团结他人的能力以及雄辩的口才、灿烂的笑容非常适合美国的选举政治，这帮助他赢得了选举，但我们不能因此就预测他未来担任总统后的真正表现。就连号称全球第一 CEO 的韦尔奇也承认，在他年轻的时候，也常常会被人的外表、演讲技巧和学术成就迷惑。如果演讲才能靠不住，那么，到底根据什么来预测一个人在未来岗位上能否获得成功呢？

过去行为是未来行为的最可靠的预测指标

面试是人才选拔中最常用的测量技术。在面试中，你更倾向于使用哪种题型呢？是理论性的，情景性的，还是行为性的？竞选更多的是使用理论性和假设性的问题：如果我当选，我会出台什么样的政策来应对金融危机；我会如何处理能源和环境问题，等等。我们要质疑的问题有两个：第一，你会真的这么做吗？第二，你真的能够做到这样吗？竞选时的宣言是不够可靠的，尽管能够表明其基本主张，洞察其未来的基本施政方针。如果说到就能做的话，一个哲学家或者理论大师也能够很好地治理一个国家，但是，这种先例少之又少。

因此，我们应该更加依赖一个人过去做了什么、如何做的、做的结果如何等信息来预测其未来的表现。这个结论是基于如下假设：特别是在成人以后，一个人的行为模式是相对稳定的，在相类似的情景中，一个人会重复以往的行为模式。一个在重大挫折事件中曾经保持乐观的人，在将来再遇到逆境时，他也不会轻易被打到；一个遇事习惯于从全局考虑的人，再遇到复杂问题时，也会倾向于如此。也就是说，一个人是经过无数个关键事件塑造出来的。只要我们能够把这些关键事件挖掘出来，并结合具体的背景分析，从中概括出他比较稳定的行为模式，就有可能比较准确地预测他未来的表现。

静态的过去和动态的过去

一个人的经历记录了他成长的过程。简历中往往描述的是一个人静态的经历，下面是奥巴马的主要经历：

- 1961年8月4日生于美国夏威夷州檀香山；
- 1979~1983年：哥伦比亚大学学习，获文学学士学位；
- 1985年，奥巴马来到芝加哥，从事社区工作；
- 1988~1991年：哈佛大学法学院学习，获法学博士学位；
- 1992年结婚，育有二女；
- 1993~2004年，Miner Barnhill & Galland 律师事务所律师（伊利诺伊州芝加哥）；在芝加哥大学法学院兼职教宪法学；
- 1996年，首次当选为伊利诺伊州参议员；
- 2004年在伊利诺伊州首次当选为国会参议员。

以上是一些比较静态的履历，也许我们不能仅仅就此做出判断：奥巴马经历简单，从政经验单薄，很难胜任新一届美国总统。仅从以上履历来看，他的确得到的历练不多。在企业面试人才时，也不能仅仅就履历做出人事决策，而应该根据履历来挖掘期间发生了哪些值得分析的关键事件，做了什么事情，怎么做的。

让我们从媒体报道中把奥巴马上大学以来的经历中的关键事件整理一下，或许能够捕捉到一些动态的信息：

- 哈佛大学就读期间，他成为《哈佛法律评论》月刊首位黑人社长；
- 撰写过两本书：《从父辈开始的梦想》和《无畏的希望》；
- 奥巴马回到芝加哥后指导了一次选民登记活动，这直接导致该市19个非洲裔选区的选民登记人数第一次超过了19个主要白人选区，从而改变了芝加哥的选举形势，奥巴马因此被当地杂志誉为

"一颗政治新星";
- 2004年民主党大会上精彩的演说；
- 危机处理事件：在好友莱特发表9·11恐怖袭击是美国咎由自取、艾滋病是美国白人发明出来摧毁黑人的错误言论时，他一方面承认与莱特的友谊，另一方面又直面问题的实质，澄清他自己的立场。通过"危机处理"展示了其能力和果断，并因而得到人们的理解和更多的支持。

或许我们还能够找到更多的关键事件，但至少从媒体的报道中很难找到更多出彩的事件了。而为数不多的成功事件中，更多是体现其竞选的能力，而不是真正的执政才能。那么，奥巴马任职后要解决的关键问题有哪些呢？除了急需解决美国自身的经济危机之外，BBC列出了他要应对的十大外交挑战：美国在全世界的作用；伊拉克；阿富汗；种族问题；反恐战争；伊朗；中东和平进程；俄罗斯；朝鲜；中国；"新外交"：金融，气候变化，能源。仅从其以上个人经历来看，在这些挑战面前，奥巴马的变革宣言显得有些微弱。那么，我们是否就可以预测他未来就不会成功呢？显然，这样有些武断。那么，一个人的经历和才能的积累是什么关系呢？

如何计量经验的价值

如何计量一个人的经验对其才能增长的作用呢？或者说，有哪些标准可以衡量经验的价值呢？是时间吗？还是什么别的因素？笼统说来，考量一个人的经验对其职业发展的价值，可以参照如下四个方面：

1. 经验的多样性

多样性的经历能够开阔一个人的视野，单一的经历则会局限一个人思考问题的广度。领导者不需要是多个领域的专家，但如果对不同领域都有过直观的感受，在决策时会更加有把握，也更容易发现进程中存在的问题。

比方说，一个企业的"一把手"如果对内部运营和外部市场都有一定的感性经验，在制定战略过程中，则更容易平衡好内外部环境的关系。我认识一家大型民营企业的老板，他本人是市场方面的高手，能够把握住很多市场机遇，但对内部运营缺少经验，使其在战略目标的确定上往往会超出企业的自身能力，即便是执行了战略，也会使企业运行潜藏着很多危险因素。在市场竞争不太充分的环境中，这种经营模式或许能暴露出不少问题，但是，在竞争充分的条件下，这种思路就危险了。内外平衡是企业稳健经营的一种艺术，这种才能的塑造往往需要企业家在经验上的多样性。

领导者所领导的团队成员是多样化的。你需要具备与不同风格、不同专业的人打交道的才能，能够让他们发挥出潜在的能力，还要使他们团结在一个共同的目标之下工作。这就需要领导者在过去的经历中展现过这种才能，至少和不同类型的人合作过，合作成功也好，遭遇过失败也好，总之不能没有一点经验。

多样性有助于创新，不仅仅是领导者自己的创新行为，更多的是他所领导的团队的创新行为。善于驾驭多样性团队的领导者，能够化差异为财富，通过碰撞产生火花和灵感。

2. 经验的复杂性

所谓复杂性，是指所经历事件中需要解决问题的难度。难以解决的问题往往需要综合考虑多个因素，需要调动多方面的资源，需要综合应用多方面的能力素质。如联想集团公司购并 IBM 公司电脑事业部的决策以及后来的整合运营，这就是一个非常复杂的事件，是个难题。再如韦尔奇执掌通用电气公司后的改革就是一件非常复杂的事情，他使世界上规模最大、最复杂的公司之一的通用电气成为一家增长型公司。

在人才选拔面试中，我们往往请候选人讲述他所真实经历过的事件。当面试结束，评委进行回顾时就会发现，有的候选人所讲述的事件非常简单，有的候选人则讲述了非常复杂的事件。常见的一个面试问题是：请讲述你所处理的最复杂的一件事情。有的人回想起来的是"让一个毛躁的年轻人变得细致起来的经历"，而另外一个人讲的是"让一个士气低落的团队走出困境，并取得显著业绩的经历"。那么，我们可以判断，后者在处理复杂问题上经受了更多的锻炼,未来遇到类似的复杂问题时,他成功应对的可能性会更大一些。

3. 经验的挑战性

经验的挑战性是针对个人具体情况而言的。对张三来说非常具有挑战性的事件,对李四来说也许是件轻松的事情。打个比方,对我来说,讲授"选准人的技术"就不是什么难事,但是,如果让我讲授"战略管理",就是一项具有挑战性的工作了。在一个人的成长经历中,如果常常发生主动挑战自己的事件,那么,他的自信心会更加坚实,眼界会更加宽广,而主动接受挑战本身就说明这个人具有很强的上进心和事业心,而这又是个人职业成功的深层次因素。

在银行职能部门工作时间长了的人,往往有一种惰性,明明知道到业务一线亲自实践一段时间对自己的成长会有好处,但总也下不了这个决心。而我常常见到一些在IT部门工作的银行从业者,在本岗位做出一定成绩之后,如果发现自己也适合向银行业务方面发展,就会毅然而然地离开IT部门,来到卡部、运营部门或者公司业务部门发展,主动接受挑战,从而获得了进步,取得了和那些金融专业的员工同样出色的业绩。

4. 从经验中是否吸取到营养

每个人的思维离不开文化环境的影响。或许,由于是在中国环境中成长起来的,我的以上分析过于保守了。《时代》杂志(2008年3月)刊登了一篇题为"对总统而言,经验有那么重要吗?"(Does experience matter in a President?)的文章。该文认为,如果丰富的经验就意味着出色的业绩的话,那么,选总统时就不用那么费劲了,只要看看简历就可以了。文中引用了总统历史专家史密斯先生的一句话来解释什么是经验:"经验从来不是孤立存在的;它通常和气质、教育、背景、信仰等一系列其他因素共存的","一个人的特性,不仅仅指他做了什么,更重要的是他怎么做的,他从中学习到了什么"。在职业生涯中有的人可能会有失败的经历或者业绩指标完成得特别好的时候,我们不能就此不用他或者重用他。对于遇到过挫折的人,要深入调查其真正的原因,是客观环境的变化导致的失败,还是其他不可控的因素导致的失败?他从挫折中获得真正有价值的教训了吗?有没有事实证明他的确吸取了教训,而不会再犯同样或者类似的错误?在一次"面试技术"培训课程上,我作为培训师扮演一位应聘者,有位学员扮演评价者,他问了一个很好的行为面试题目:"田老师,在你过去的讲课经历中,有没有印象深刻的一次迟到的经历啊?"我还真的有一次这样的经历:迟到了半个小时!那位学员追问我:"从这件事上你学到了什么?后来还有过迟到的经历吗?"的确,那件事情对我的影响很大,在上百名学员的目光中走进教室的那个场景很难受,感觉很不职业。从此以后,再也没有发生过这样的事情。不仅仅是讲课不迟到了,办别的事情我也会留出提前量,宁可早到半个小时,也不迟到一分钟。虽然经历的是一件小事情,但我从中学到了很多,并扩展到职业化这个范畴。

我们观察一个人经历过的关键事件,不仅仅要看他积累了多少处理实际问题的具体经验,还要通过深入了解事件发生的背景、过程和结果,来洞察一个人行为背后的态度因素,如责任感、诚信、成就事业的动力、价值观等等。一次讲课迟到在人生经历中可能不算什么大事,但有人会忽略过去,下次继续迟到,而有人则非常重视,将迟到的原因归因于自己,而不是交通。另外,还要评估关键事件对其才能塑造的价值。特别是在失败的事件发生之后,善于反思总结的人才能把经历变为成长,如能够举一反三,则成长更快。

达成使命需要的关键才能是什么

在人事决策时,我们不是做笼统的预测,而是做具体的判断。我们不能单纯依据以上计量经验价值的标准来推测出哪个候选人会取得成功,还要看候选人未来的使命是什么,所要面临的具体挑战是什么?如同韦尔奇的前任一样,他选择韦尔奇,决不因为韦尔奇是个完美的人,而是他身上所具备的才能正好适合公司未来的需要而已。

我所了解的一家银行的省级分行,内部管理混乱,风险管理和内部控制是多年来的顽疾。谁来收拾这个烂摊子呢?是风险控制专家,还是市场拓展方面的高手？当然，如果派个多面手来治理这家银行就完美了，既控制了风险，又获得了业务增长。但是，在更多情况下，这种全才资源是稀缺的。即便是全才，恐怕在治乱方面未必奏效。后来，该行派来一名雷厉风行的行长，虽然在管理方式方面有些不尽人情，但该行这个阶段就需要这样的领导。

美国现阶段面临的局面非常复杂，美国人所需要的总统决非只是具备丰富政治经验的人，而是能够带领美国人走出困境的变革型领导者。这也是奥巴马竞选中所传递的施政主张。或许，奥巴马不是一个全才，甚至经验不足，但他具备了美国人现阶段所需要的核心特征：变革领袖。或许，这就足够了。从政经验丰富的人或许能够处理常规的复杂问题，但是，美国目前所面临的问题不是常规问题，而是需要创新才能解决的问题。如果奥巴马能够组建和驾驭一个强大的领导团队的话，或许，他能够实现选民们和他自己的期望。

美国大选这件事情给我很多启发。很多传统企业在选拔管理者时，往往强调台阶论，更加青睐于层层台阶成长起来的人才，但是，在某个特定的时期，如公司需要变革时，竞争格局发生了很大变化时，也许需要大胆使用那些资历浅，但富有创新精神的年轻人。当然，在启用年轻人才时，需要深入考量他过去经历中的一些关键事件，参照以上标准，特别是经验的挑战性和是否从经验中吸取了营养两条标准，来评价他的才能和事业心。

因此，在人事决策时，所要做的工作其实就是三个方面：一方面，将任职者需要完成的使命和面临的核心挑战列出来，并将对应的核心胜任力进行定义，千万不要列太多的胜任力，否则你就找不到合适的人选了；另一方面，挖掘候选人过去经历过的关键事件，分析关键事件背后的才能和特征；最后，所要做的工作就是将所需要的核心胜任力与候选人所具备的才能和特征进行对比，如果基本匹配，就可以做出大胆的决策了。

影响未来业绩表现的因素很多，有些不是人所能够控制的。但是，作为人事决策者，需要做的就是把那些能够影响业绩表现的个人特征找出来，并通过真实的行为事件分析来判断候选人是否具备这些特征。从理想的角度来说，长期观察一个人在实际工作中处理问题的表现是最可靠的了。但是在很多情况下，我们没有足够的时间来观察候选人的实际行为，就需要尽快把有才能的人选配到合适的岗位上，那么，通过科学设计的结构化行为面试就可以达到这个目的。另外，还可以通过360度反馈的方式，向候选人的同事、下级、上级、客户搜集发生在他身上的关键事件，也可以达到准确了解一个人的效果。当然，综合使用结构化行为面试和360度反馈的方法，则会大大提高选准人的概率。

刊发于《哈佛商业评论》智鼎通讯专题，2008年12月

新员工试用期内，企业的风险管控

张登印／文

在新员工试用期之内，企业往往会存在一些风险，比如选错人带来的经营风险、泄密风险，因为试用考核、薪资等导致的劳动法律风险等，具体该如何预防及应对？如何降低新员工试用期内的用人风险？

试用期管理是一种"风险投资"

竞争优势源自投资于人，指的是把对人的投资当作企业赢得竞争优势的一个战略举措，这是我们力倡企业努力去秉持的价值观。投资于人既然是投资，那句流行语——"股市有风险，投资须谨慎"的原则也就同样适用。拿新员工试用期管理来说，不要认为人招来了，人力资源经理就可以大松一口气。对试用期的管理如果缺乏足够的重视，或缺少合理的方法，都会带来"投资"的风险。先不说试用期考核、薪资等导致的劳动法律风险，以及因为员工试用期离职使企业内部信息扩散到竞争对手的风险，单就是选错人带来的经营风险，就让企业管理者大伤脑筋。其实，因为选人、用人不当带来的企业经营上的挫折和损失是最大的用人风险。

一个连锁企业拟储备五十名管理培训生，把他们当作未来的店长来培养，应对未来两年企业的扩张计划，结果在试用期内人员流失率达到35%。

某企业从外部招聘研发部经理，希望他带领研发部让新产品在一年内上线。试用期结束的时候，公司研发副总却还看不清他到底能不能带领团队。一时无措，因为急需用人，只好让他转正，先从工程师职位干起。结果，这位"准研发部经理"很长时间也无法承担起责任，研发部群龙无首，新产品上线遥遥无期。

某企业制订了详尽的、高瞻远瞩的事业规划，准备新年伊始在公司销售业务上来个开门红，高薪诚聘一位业务高手作为其销售总监，结果试用期还没过完，人家两脚抹油——溜了。

从上述案例来看，人走了，看似没损失太多的东西，但企业发展的损失却大了，恐怕非损失几万元的招聘费用可比吧？

试用期"投资"须谨慎

如果把对试用期人员的管理看作"投资于人"的一部分，我们就应该怀着谨慎的态度来开展工作。在人才身上的投资收益非一般投资可比，弹性空间可能会大到出乎你意料的程度。如果你投的人流失了，那损失自然非常巨大，因为你没有取得收益的机会了。

有的人力资源经理认为，试用期，试用期，主要的作用就是试用，看看行不行？如果不行的话，趁早在试用期结束之前辞退，以免转正后留下后患。为了达到此目的，新员工刚来，就交给他一些重要的工作任务让他完成，瞪着眼睛看他能不能胜任岗位的工作。

有一位人力资源经理，把试用期的员工与原在岗员工一起纳入绩效考核，每月考核打分。结果在公司整体员工的绩效考核结果排名里面，新员工的评价大部分都排在后面，使新员工感到压力很大。有的连续两个月评为 D 的（实行 A、B、C、D、E 五级评分），即由人力资源部通知解除试用协议，真是雷厉风行的人力资源部！

上述这种做法是欠谨慎的做法，是一种简单的人力资源管理，并没有把对人的管理上升到"投资于人"的高度，当然难免产生试用期的用人风险。新员工绩效排名老在后面，弄得不好还要被辞退，而且在这些情况下，新员工往往是心情郁闷地与公司解除协议，风险事件一触即发。

以"投资"的眼光来看试用期管理，是不应该这么急功近利的。在一个投资家的眼里，试用期的员工应该被看成一个个选好的"金蛋"，如果孵化得好,这些金蛋将来可能会帮助企业带来无可预知的收益。所以,试用期最主要的功能并不是"试用",而是让新员工"适应"。员工能不能胜任岗位的工作,应该主要在人事录用之前就已经决策了。我们看到很多管理规范的企业,试用期内是很少淘汰掉人的。

新员工进入一个陌生的环境,一方面缺少对企业的了解,对规章制度、企业文化有一个熟悉的过程。另一方面,新员工往往对新工作确实有一种不确定的感觉,不知道自己是否能在新的工作岗位上,在新的上级面前,在新的同事面前表现得出色,这时他们往往顾虑重重。把他们比作"金蛋",也确实能说明他们如"蛋"般的脆弱。

因此,新员工试用期的管理,应怀着谨慎的心态去执行,或者说应该用一种"孵蛋"的心态去执行,希望他们能够在新的企业环境中顺利地成长,希望他们成长为一个优秀的,与企业要求相适应的栋梁之才。而不是为了看看到底哪个是"金蛋",哪个是"坏蛋"。

试用期"风险管理",工具先行

如何降低试用期内的用人风险?或者说如何降低试用期内的人员离职率?这是许多人力资源经理头疼的问题。

有一个故事,讲张三吃饼,直到吃了第三张饼才吃饱,他后悔地说:"早知道第三张饼能吃饱,前面两张饼就省下来不吃了。"

试用期人员管理的风险问题跟前面的招聘流程直接相关,前面是否在选人上做足了工夫,也决定了新员工试用期管理中风险的大小,这是试用期人员管理的"前两张饼"的问题。当前,人力资源管理走向精细化管理时代,原来那种把人"拿来就用","不行就换"的粗放做法应该被淘汰。"投资于人"在打出招聘广告的一霎那就开始了。在招聘之初,人力资源经理要想到招聘的人不是只为了做好当前急需完成的工作,而是应全面系统地看是否符合企业对人长远发展的要求。不仅看专业技能,还要看综合素质;不仅看工作能力,还要看职业性格特点;不仅看当前的胜任程度,还要看有没有成长潜力;不仅看是否能干好自己的工作,

■ 人才测评篇

还要看能不能将来与人一起合作。要看清楚如此种种，非借助规范的流程、方法和工具来实现不可。

为了让客户在招聘时注重投资于人，使外部的人经过招聘的漏斗程序的层层筛选，使最匹配的人才得到录用，我们总是向客户推荐一系列的人才招聘和测评工具。这些测评工具可能包括能力测验、职业性格测验、胜任力评价问卷、工作情景判断测验、履历分析问卷等，使这些人才招聘工具能够在整个招聘流程中起到人才把关的作用。有些企业在公司里设立了一个"首席人才官"职位，也是希望这个职位能够起到类似的作用。如果通过一个系统或工具平台，把"人才官"的这种理念物化到人力资源的具体流程中，比如在人才管理的供应链中，有一系列的招聘测评工具为人才选拔保驾护航，以保障"进来的都是好的"，这样不是很好吗？我们研发的"智鼎人才官"正是本着这样的理念，把人才测评工具集结到招聘经理的电脑桌面上，招聘经理可以针对不同的岗位选用不同的招聘测评工具来帮助他选准人，用好人。选人这一关做好了，后面的试用期中的风险就小多了。

为减少试用期内人员管理的风险，更重要的还是应聘者被录用之后的试用期管理本身。除了上文说到的对试用期员工管理应保持一种谨慎、培育和帮助成长的态度之外，应主要做好三件事：那就是入职培训、试用期工作指导与沟通和员工职业生涯规划。

入职培训的主要目的是帮助员工尽快了解企业的情况，使员工在最短的时间内融入到企业当中来，内容往往包括企业文化、规范、价值观、公司使命、部门岗位职责、工作技能和专业知识等，通过这种培训实现人与组织达到匹配。

试用期除了培训之外，应该让新员工也参与到实际工作中来，主要目的不是希望马上见到卓著的成果，而是为了让员工适应具体的工作。在这个过程中最重要的是沟通和工作指导，一般试用期内须有三次以上的正式沟通，通过沟通过程了解员工的心态，对员工进行相应的鼓励和指导。

在整个试用过程中，不仅仅是关注员工对岗位工作的胜任程度，更应从员工职业生涯的角度来开展工作。无论是入职培训,还是试用期工作指导与沟通,都应聚焦到员工的职业生涯发展上,这样才能真正做到"投资于人",因为这是从更长远的角度为企业的发展贡献人才,而不仅仅是一时一事。

做好上述三项工作,都离不开对员工的了解。俗话说,"金无足赤,人无完人",试用期内的员工并不一定会完全符合企业的期望,每个人都有不同的优势和不足,同时企业内部岗位的胜任力要求也不会完全一样,试用期管理的很重要的内容就是摸清这些情况。这种了解在招聘的过程中已经在进行,当时我们使用人才测评工具得到的结果,在试用期内可以充分地挖掘运用。同时加上试用期内对新员工进行观察、沟通和工作指导,使我们对自己的"宝贝员工"做到了如指掌,在此基础上再对员工做培训、指导和沟通,以至于职业生涯规划,会使我们的人力资源工作真正做到"以人为本",那将会顺水行舟,事半功倍。

请看下面这个员工胜任力素质轮廓图(见图1),这是某个企业招聘员工时做的素质测评,这个测评结果能够为新员工试用期管理提供一些帮助吗?如果我们经过观察和沟通,发现员工试用期的表现与这个招聘时的测评结果比较吻合,该如何做好该员工的试用期管理呢?

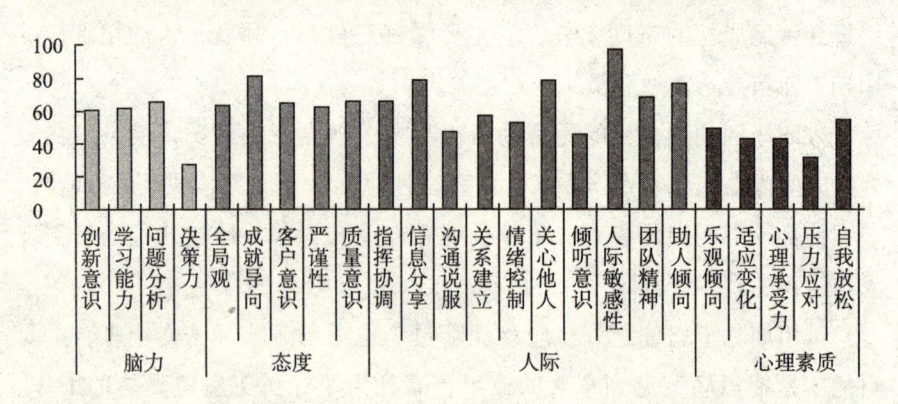

图1

请你看图时稍微认真思考一下:

如果这名员工放在客户关系管理部,你是让他做更多的沟通说服的工作,还是让他做更多的服务客户的工作?你觉得把他调到高端产品研发岗位合适吗？当这名员工遇到工作压力时，你觉得他应该得到比其他员工更多的关怀，还是更少？如果你能够从图 1 中找到这些问题答案的依据，并且能够根据这些因素，更有针对性地开展试用期的培训，试用期的沟通与指导，以及更有针对性地帮助员工开展职业生涯规划，你的新员工试用期管理将会是非常的成功，你不仅能够比别人更好地控制风险，还更有效地帮助企业"投资于人"了。

刊发于《HR 经理人》，2011 年 3 月

校园招聘的发展趋势

连 旭/文

趋势一：基于实习生计划的招聘策略，使招聘流程更优化

　　传统的校园招聘一般都是招聘单位通过参加各类机构组织的现场招聘会，在收取毕业生应聘材料及简单面谈后，通过笔试、面试、无领导小组讨论等一系列环节，对应聘者进行考核和选拔，然后确定人选，签署就业协议。然而现实是，即使流程把握再严密，很多企业还是感慨难以招到合适的人才。绝大多数的企业将校园招聘集中在当年的十月、十一月到次年的一月之间，在这个短暂的时间里，一方面，毕业生为了降低就业风险，到处投递简历、参加测评，由于准备不够充足，不能有的放矢；另一方面，企业同样面临着巨大压力，工作负荷量大，仅仅通过短短几个小时的接触，要做出准确判断事实上是相当困难的。其实，这恰恰是制约校园招聘人员甄选准确性最大的瓶颈。

　　为了真正提高招聘工作的准确率，摆脱扎堆"抢人"的局面，许多知名企业已经悄然改变了传统的招聘思路，采用基于实习生计划的校园招聘方式。这种招聘方式将毕业生实习与企业的招聘选拔结合起来，以此加深双方的了解，在实习过程中培养和发现人才，进而锁定人才。近年来，一些知名的跨国公司纷纷突出各具特色的实习生计划，比如，IBM的"蓝色之路""青出于蓝"计划，微软的"领跑之旅"计划，西门子的"西门子学生圈计划"等。

　　实践证明，实习生计划的实施为毕业生就业开辟了一条新的途径，也是未来企业的招聘选人的发展之路。这种招聘形式的优点还没有被更多的人所了解，因此，还需要在用人单位和学校进行宣传推广，使学生、学校管理部门、用人单位正确认识并接受这一形式。

这种基于实习生计划的人才招聘战略，体现了招聘流程的变化。与此同时，在招聘流程上还有一个变化，即将甄选测评环节前移，一方面可以提前做好人才争夺的准备，另一方面也可以空余出时间进行提前实习和培训，用更多的时间在实践中观察应聘者。

趋势二：人-组织匹配在校园招聘的重要性日益突显

许多企业或者管理者在雇佣新员工时，往往更看重和岗位匹配的相关技能，但是雇佣后却为这一决定后悔不已。技能是造就一名"好员工"的重要部分，但是永远也不要低估组织文化、价值在员工业绩成败中发挥的作用。在同等能力水平之下，假如企业错误地雇佣了和组织不相匹配的员工，比如，组织强调团队导向，他却是个人主义，组织强调成长与创新，而他却是按部就班，组织强调竞争，他却是以和为贵……会有怎样的结果呢？一方面，企业会为这些缺乏动机和忠诚度的员工感到头疼，另一方面，他们也对组织和工作感到不满。这些不匹配的员工流动率比那些适应组织文化的人要高得多。

智鼎公司2011年7月对102家知名企业校园招聘员工离职情况进行了调研，调研发现，新入职（2年以内）员工离职的原因主要如图1所示，其中不胜任工作仅占27%，而比例更高的是和组织特征不匹配的薪酬要求、工作环境的融合度、个人的发展动力等。

近年来，西方研究者和管理者提出了新的招聘模式：人与组织匹配（Person-Organization Fit，简称P-O Fit）。这种模式强调员工满足特定工作岗位的要求之外，要关注员工个体内在的特征与组织的基本特征之间的一致性。研究表明：员工态度（组织承诺、工作满意度）和员工行为（工作绩效、工作任期、组织公民行为）与P-O Fit呈正相关，员工的离职意向、离职率与P-O Fit呈负相关。新招聘模式为组织面对激烈的人才竞争，如何吸引和留住人才，提高组织效能有重要的实践意义。

员工离职原因

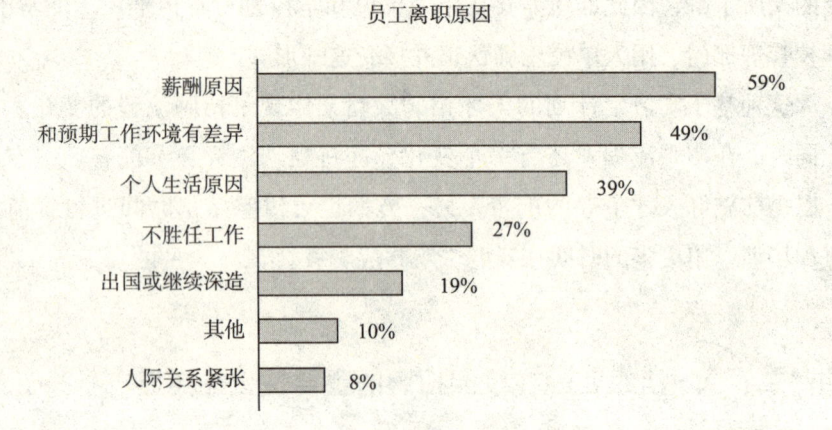

- 薪酬原因 59%
- 和预期工作环境有差异 49%
- 个人生活原因 39%
- 不胜任工作 27%
- 出国或继续深造 19%
- 其他 10%
- 人际关系紧张 8%

图1 新入职大学生离职原因调研

基于人与组织匹配的概念，相应的招聘模式要达到两个匹配：①个体的综合技能（KSAO）与工作的任务要求的匹配；②个体的个性、需求、价值观与组织的文化或氛围的匹配。

具体的招聘模式：首先，评价全面工作环境：不仅做好工作分析，还要做好组织分析；其次，结合技能知识、能力需求、社会技能，还包括个人需求、价值观、兴趣、人格特征等推断符合组织需求的人才类型。然后，设计针对性的测评工具，对人-组织匹配进行针对性评估和选拔（表1列出了在人才测评技术中，适合考查人-组织匹配的工具）。最后，在实践工作中，强化工作中的人与组织匹配，一方面通过任务设计和培训来强化技能和知识，另一方面通过组织设计来强化人员导向。

表1 考查人-组织匹配的方法、维度矩阵表

评估方法 \ 评估维度	KSAO	自我认知	个性特质	动机（需求）
简历分析	+	+		+
投射问卷		+	+	+ +
择业因素问卷		+		
个性问卷		+	+	
无领导小组讨论	+		+	
结构化面试	+	+	+	+

续表

评估方法\评估维度	KSAO	自我认知	个性特质	动机（需求）
其他情景模拟	+		+	
知识能力测验	++			

趋势三：校园招聘在人才开发战略的地位日益突显

近年来，越来越多的企业意识到校园招聘对于其挖掘优质人力资源、壮大自身实力的重要意义，因为他们看到并且认同应届毕业生这个特殊群体的优势所在。应届毕业生虽然缺乏工作经验，但是通常具有较高的素质，更容易接受公司管理观念和企业文化的灌输，更具有可塑性。他们往往充满活力与生机，没有家庭的拖累，能够全身心地投入到工作中去。当前校园招聘已经成为许多企业争夺人才的重要渠道，因为这不仅能够提高企业的招聘针对性，帮助企业招聘到合适的人才，而且也是企业大规模引进高素质人才的重要途径。从企业招纳、储备、培养人才的意义来说，校园招聘是对企业人才战略本身的直接贡献，大部分企业认为校园招聘是目前主要的人才补充渠道。

此外，在激烈的人才争夺战中，独树一帜的雇主品牌能够帮助企业吸引和留住更多符合组织价值观的核心员工。而作为人才补充重要渠道的校园招聘，也有助于企业在大学生群体中树立良好的形象，建构企业的雇主品牌。越来越多的企业将校园招聘作为传播企业品牌形象的平台。他们不再简单地把校园招聘局限于一种人力资源管理行为，而是融合了营销思维，以达到一石二鸟的效果。为了吸引更多的优秀人才与树立良好的雇主品牌，企业所采用的方式也不仅仅局限于校园招聘。近年来，招聘营销大行其道，设立奖学金、举办商业计划大赛、组织商业夏令营等，层出不穷。总体上来说，校园招聘越来越热，越来越多的企业试图在这一潜在的应聘群体中塑造自己的形象。

趋势四：校园招聘走向外包化与精细化的模式

校园招聘是一个极其复杂的过程，目前一些企业开始将其当作一项专业性的工作来对待，其发展趋势呈现外包化与精细化。

1. 外包趋势

专业测评机构根据对人才招聘方法与技术的研究与实践，可以根据企业的实际情况，灵活地帮助企业设计符合其自身需要的校园招聘流程及甄选方案，为企业提供一套较为科学的校园招聘的程序与做法，来保证校园招聘的效果。近些年来，企业在校园招聘工作实践中也发现，要解决校园招聘的效率和质量问题，就必须有科学的标准、合理的流程和有效的工具。在企业的需求下，专业测评机构也以不同的形式参与了一些企业的校园招聘工作，帮助企业提高了校园招聘的效果。当前，一些企业将校园招聘工作的某些环节或全部工作外包给专业的测评机构的趋势显现。

从目前的趋势来看，企业将校园招聘工作外包给专业测评机构的形式有以下几种：一是全部外包。企业接洽专业测评机构，帮助分析企业的实际情况，让专业测评机构帮助提供全套招聘、甄选解决方案，包括分析、澄清实际需求、设计校园招聘流程、具体的测评方案，有些专业测评机构甚至也能够提供具体的组织、协调、全程控制等。二是部分外包。企业将校园招聘的某些环节外包给专门的机构来实施。比如与专门的招聘网站合作，搭建专门的职位申请平台，进行简历筛选等应对规模较大的应届毕业生应聘潮。而企业人力资源部与专业测评公司搭配、组合的模式则更为企业所取。众多跨国公司对这种模式的实践显示了该模式的良好效果。此外，在校园招聘中，为提高效率、节约成本，企业可以不聘请专业的测评专家帮助企业实施具体的人才甄选测评工作，而只是购买一些可以通过计算机实现测评的专业的测评工具、测评系统。

2. 精细化趋势

一是对选才标准内容的确定。现在企业选拔校园人才时，不仅看重大学生人才的专业学习结果，也更重视大学生的综合素质、能力水平。最关键的是，大学生具备的那些可培养的潜质。而这些潜质，需要经过对大学生具备的各项个性、能力素质特点等多方面考查的结果来判断、识别。因而，企业校园招聘的选才标准包含的内容更加宽泛、全面、具体。而选才标准所强调的核心内容也更加精细、精准。

二是校园招聘人才甄选技术。专业测评机构和其他专业研究机构不断探究合适的、有效的测评技术与工具，使得测评技术与工具不断推陈出新，并借助科技的力量使测评技术与工具的使用更加便捷、高效。针对要考查的个人素质特征的分类，对每一种类型，逐渐发展了专门的、较为合适有效的测评技术与工具，而不单纯依靠某种测评计划或工具来考查应聘者的所有方面。比如，对应聘者基础素质的考查与了解，采用不同的笔试测验工具；对应聘者实际与人合作处事方面的内容，则采用了情境模拟的无领导小组讨论等。为深入、精准地描述应聘者的各项素质特征，测评技术与工具更加专门、专业。

三是校园招聘流程与环节。校园招聘的流程已经趋于固化，但针对其中的每一个流程或环节，以及甄选的目的，可以设计不同的具体实施方案，选择恰当的测评技术与工具，尽量保证每一个环节发挥出最佳的功能与效果。比如，在简历筛选环节，现在有一些企业尝试了这样的方式，应聘者主要通过企业官网线上申请企业的拟聘职位。这种线上个人简历信息搜集的工具，可以针对所确定的最低任职标准，确定经过职位申请这一步骤，所能了解的应聘者的某些信息，并增加一些开放性问题，供简历筛选决策或进一步深入测评参考。因而，简历接收的过程设计为统一的模式来对应聘者进行第一次测量、评价。比如，宝洁公司在校园招聘中所采用的网上申请职位的方式，应聘者需要在企业官网上填写宝洁专门设计的自传式申请表（包含一系列开放性问题），这实际上是一次统一标准、统一模式的筛选考试。

趋势五：校园招聘甄选方法越来越情境化、行为化

智鼎公司2011年7月对102家知名企业的调研中，有一项内容是"为了提高校招录用员工的合格率、稳定性和成才率，您认为需要对招聘过程中哪些环节予以改进？"，结果如图2所示。其中占到50%以上比例的三个环节，创新面试技术、增强面试技能培训、选择更好的心理测验工具都体现在甄选方法的改进上。

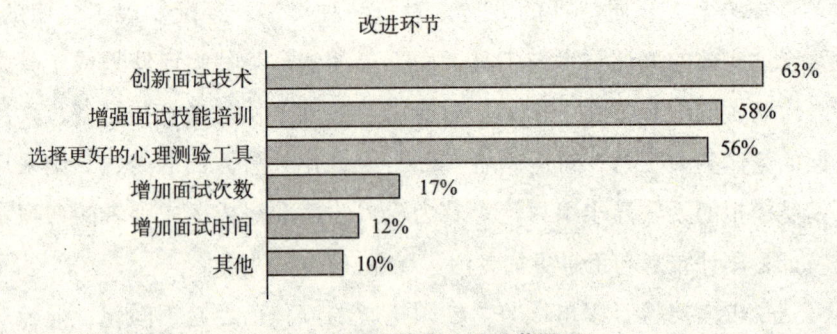

改进环节

环节	比例
创新面试技术	63%
增强面试技能培训	58%
选择更好的心理测验工具	56%
增加面试次数	17%
增加面试时间	12%
其他	10%

图2　校园招聘待改进环节调研

对于校园招聘而言，在甄选方法的改进和创新集中体现在更加行为化、情境化。

（1）关注应聘者在既往的学习和实践中，具体采用什么样的行为模式来应对遇到的困难，因为过去的行为模式对未来的工作绩效有较好的预测作用。与此对应的是，行为面试在结构化面试中越来越占据重要的地位。对于面试考官而言，掌握行为面试的追问技巧和提问原则，避免应聘者的造假行为将是一个新的挑战和趋势。

（2）关注在仿真度较高的环境中，应聘者相应的反应，因为应聘者在类似的环境中会保持相对一致的反应模式，对未来的工作有较好预测作用。因此，在校园甄选环节除了运用无领导小组讨论之外，引入大量新颖的情境模拟测验，也是技术层面的一种创新。结合多年在甄选方法上的改进和应用，笔者认为有两种不错的情境模拟测验也可以纳入校园招聘甄选之中。

■ 人才测评篇

一是口头事实搜寻测验（Oral Fact Finding Exercises），简称 OFF 测验。在测验前，考官给应聘者提供一个简单的背景描述，可能是一个需要做出决策的工作场景，或者是一个受到挑战的决策。测验开始后，应聘者要在有限的时间内，通过提问的方式向"信息员"搜集详细信息。"信息员"（由一名考官扮演）掌握着该工作场景中的丰富信息，如果应聘者提出的问题具体、恰当，他们会给应聘者提供相应的信息。最后，应聘者要做出决策并阐述理由，如果受到"信息员"补充信息的质疑，应聘者还需要为其决策进行辩护，或者重新修改个人的决策并阐述理由。其特点如图 3 所示。重点考查分析能力、倾听技能、压力承受能力，能够较好地避免受到应试培训影响的问题。

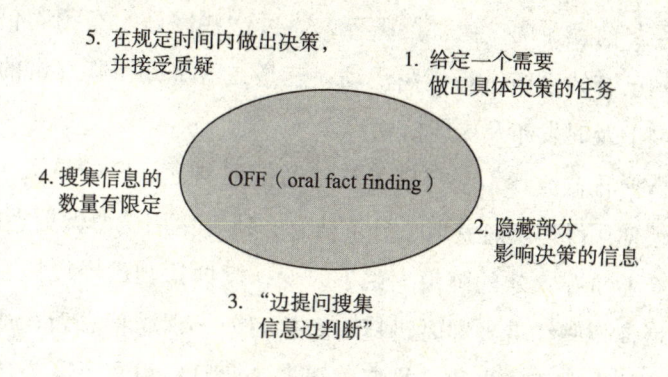

```
5. 在规定时间内做出决策，          1. 给定一个需要
   并接受质疑                         做出具体决策的任务

           OFF（oral fact finding）

4. 搜集信息的                        2. 隐藏部分
   数量有限                            影响决策的信息

              3. "边提问搜集
                 信息边判断"
```

图 3 OFF 测验的特点

二是角色扮演测验（Role-playing Exercises），有时也叫做模拟面谈，简称 PR 测验，是一对一模拟互动（one-on-one interaction simulation）沟通互动模式，应聘者和另一个人在一个对角色有说明的情境中进行互动。一般是由应聘者来控制这种互动，并负责发起相互之间的沟通。与应聘者进行互动的人是经过培训的角色扮演者（the role player），他可以扮演任意的角色（如管理者，下属，同事，客户）。该测验重点考查的是沟通协调、人际敏感性、压力承受能力，能够判别在实际沟通中应聘者是否是能说不能练，应聘者不易在过程中掩饰自我。

这种甄选方法更加行为化、情境化的趋势使得校园招聘选拔测得更加深入、有针对性，当然这不仅要求题目设计要真实、有代表性，对考官如何掌握这些评分技术和方法更是一个大的挑战。

趋势六：网络化招聘渠道在校园招聘的作用加大

网络招聘没有地域限制，受众人数大，覆盖面广，而且时效较长，可以在较短时间内传播招聘需求，并获取大量应聘者信息。在网络化高速发展的今天，这种招聘模式占据了很大的一部分领域。

网络招聘一般包括企业在网上发布招聘信息，甚至进行简历筛选、笔试、面试。企业通常可以通过三种方式进行网络招聘，一是在企业自身网站上发布招聘信息，搭建招聘系统；二是与专业招聘网站合作，如中华英才网、前程无忧、智联招聘等，通过这些网站发布招聘信息，利用专业网站已有的系统进行招聘活动；三是在待举办招聘宣讲的相关学校的校内网上及时发布及更新信息。

随着微博日益流行，它打破了移动通信网与互联网的界限，人们不仅开始习惯使用微博随时获取、分享信息，还开始用微博做更多的事情。微博也让企业争夺人才的阵地发生了改变，微博招聘已经慢慢变成了一种时尚。微博招聘凭借其即时迅捷、直接有效、招聘信息新、适用范围广、内容较为丰富等特点得到推广，很多企业已经设立了官方微博并通过这个企业微博账号发布招聘信息。求职找工作的朋友们也纷纷注册了个人微博来实时关注企业招聘动态。

趋势七：校园招聘过程逐步向科学化、公平化迈进

随着企业对校园招聘的重视度不断提升，为保证甄选结果的准确性，校园招聘的实施过程在向着逐步规范、完善的方向努力。这主要体现在以下两个方面：

（1）甄选技术的使用更加科学。现在很多大企业非常重视考官培训环节，严格培训考官按照标准化的评价方式来操作是保证测评结果准确性最核心的内容，要求考官掌握评价过程的观察、记录、编码、总结、

评分五个步骤，这是未来进行考官培训的一个大的趋势。此外，为保证评价过程的科学性，采用录像方式对测评现场进行事后分析，也是保证测评技术科学化运用的一个方式。

（2）招聘流程的控制更加公平。一些考官在招聘过程中难免会受到非测评要素之外的客观因素的影响，比如在甄选测评阶段，会根据应聘者的学校是否是名校来影响自己的判断，有些人会关注应聘者自身的家庭资源能够给企业带来哪些潜在的利益而影响判断，还有的人会因为"关系"原因，而使根本不符合要求的人浑水摸鱼，这些都会导致测评最终失败。目前一些好的做法是，在甄选测评阶段要求考官不能随意发问，比如个人的学校、姓名、家庭背景、个人隐私等问题不能发问，比如要求在甄选阶段避免考官受到简历信息的干扰，对简历信息进行严格保密。

以上介绍了校园招聘工作近年来在企业开展、实施过程中的一些新的发展动向。正因为校园招聘工作对企业人力资源系统工作的重要作用与意义，以及企业人才管理思想的转变，使得校园招聘工作越来越受到重视，因而也促进了校园招聘相关领域的研究与实践成果的不断发展，使得校园招聘工作的开展出现这样一些发展趋势与动向，引领校园招聘工作对企业发挥更大的良性影响作用。

刊发于《HRA会刊》，2013年9月

如何提高面试评分的准确性
——面试过程中的 ORCSE 过程

刘亚军／文

客户提出的问题

在和客户的探讨中，他们经常反映："在人才选聘的面试环节结束后，人力资源部要统计各位考官的面试评分，我们常常发现考官之间对候选人的打分千差万别，导致合成的分数没法使用。尽管在面试之前我们对这些考官做了详尽的培训与指导，包括目标岗位任职要求、需要关注的重点测查维度及设计科学的面试题目等，但是评分结果往往不尽如人意……你们测评专家是怎么确保面试评分准确性的？"

导致面试评分出现误差的因素很多。拿职位竞聘来说，就会出现考官对目标职位理解得有偏差或不够到位，对人-岗、人-组织匹配了解得不够全面、面试题目设计得不合要求，甚至是考官不遵循公平、公正的心态进行评价等。国外的一项研究结果为我们解释为何出现面试评分的不准确这一问题启迪出新思路。

一项有趣的研究

在国外的这项研究中，告知一组面试考官最后会核查他们的评分结果和专家评分的一致性程度，告知另外一组考官最后会核查他们在面试过程中记录的全面性和准确性。结果是，第二组考官面试评分的准确性高于第一组面试考官。

■ 人才测评篇

在这项研究中，对第一组考官的问责被称之为结果问责，它类似于组织人才选聘中对考官的要求："我们只关心你们的最终打分，那个分数会决定候选人是否入围或被聘用"。对第二组考官的问责被称之为程序问责，它类似于对考官提出这样的要求："你们要仔细观察候选人在面试中的表现，并详尽地进行记录"。

之所以第二组考官的评分比第一组高，有多种影响因素在其中起了作用。比如，第二组考官在面试过程中更为"投入"与"专注"，这种投入和专注使考官掌握了关于候选人的更为鲜活、更为详尽的信息，以及考官的专注使他们保持注意力来更为全面、深入地分析探究候选人与目标职位的匹配。这项研究结果与我们在面试实操过程中总结出来的 ORCSE 过程有许多"不谋而合"。

面试过程中的 ORCSE 过程

在多年的面试实践过程中，我们总结出为提高面试评分的准确性，需要遵循 ORCSE 这个过程。

O（Observing），指的是观察，即认真仔细观察候选人在面试过程中的各种言语及非言语的表现。

R（Recording），指的是记录，即全面、客观、精确地对候选人在面试中的表现进行记录。

C（Classifying），指的是归类，即对候选人在面试中表现的解读。拿职位竞聘来讲，就是将候选人在面试中的表现归于所竞聘职位所要求的哪些重点考察方面，如胜任力中的"成就动机"，如任职要求中的"专业知识和技能"等。

S（Summarizing），指的是总结，即将所归类的各个方面进行汇总与归纳，并写出一个简明的总结，是整合分析与判断的过程。

E（Evaluating），指的是评价，这是面试过程中的最后一个环节，是决策的结果，通常以一个分数（数量化的分数或质性的等级评价）来呈现，体现出候选人在面试过程中的表现水准，及与目标职位的匹配性等。

假设我们遇到了这样的一次面试任务：某股份制商业银行总部为其一级分支机构选拔主管中台业务条线的副行长。经过前期分析，以下胜任素质是关键：业务素质、分析判断力、问题解决能力、风险管控意识、大局观念、沟通协调能力和条线管理能力。同时，我们也根据胜任素质要求设计了有针对性的面试题目。开始面试了，ORCSE是如何发挥使评分更为准确的作用呢？

观察和记录

在面试的过程中，"投入"地去观察和记录往往被忽视。在面试结束后的评分中，考官往往会根据自己"脑海"中的印象对候选人进行打分，这个分数只是一个模糊的概念，缺乏直接、原始、鲜活的证据做支撑，所以会导致评分不够准确。为了保证面试评分的准确性，在观察和记录环节需要关注以下几个原则：

1. 倾听原则

面对一位候选人很容易保持注意力，当一天中面试10位候选人时，考官的注意力非常容易分散。这时，考官对"印象不深刻"候选人进行评分时，往往会根据个人的经验来判断："他没有做过信贷业务，肯定不适合，打5分吧"、"这位候选人的行事风格不够严谨，不适合风险管控类工作，打5.5分吧"。但是，当询问考官为什么会做出这样的评价时，他们往往不能给出有说服力的原始、直接证据，甚至还会出现"找错人"现象，即将一位候选人的表现错记为另一位候选人。

2. 全面原则

面试中既要观察候选人的言语信息，也要观察他们的非言语信息，如个人风格、情绪表现等。面试题目往往能引出候选人更多的言语信息，他们会针对题目做出相应的"回答"，这时考官不应只是"低头"记录考生的回答内容，还应同时"抬头"观察候选人的表情、动作等非言语行为。譬如，相对于"孔雀"型风格的候选人来讲，"猫头鹰"型风格的个人会更适合信贷管理类工作，而这两类不同风格的候选人在面试中非言语传导出来的信息差别是非常大的。

3. 客观原则

非专业考官往往会"简单"、"潦草"地记录候选人的面试表现，或者他们喜欢记录对候选人表现的主观评价或判断。但是，每个人的记忆力是有限的，烂笔头胜过好记性，在后期各位考官对候选人的表现进行整体分析和讨论时，没有客观记录候选人表现的考官往往没有直接、真实的资料来支持自己的论断，他们的论证过程往往偏向主观判断，进而没有说服力来证明自己评分的准确性。

尤其是组织内部的选聘中，考官往往会依据个人对候选人既往经历的了解进行判断，而非面试中的表现，这种判断的主观性非常大。原因是，其一，这种所谓的前期了解往往是道听途说，尤其是规模非常大的组织；其二，这种了解和判断往往基于候选人的过往，而人都是会有变化的，尤其是年轻员工。

归类与总结

考官在面试过程中的"投入"会影响到归类的准确性。面试中，考官会观察和记录候选人多方面的表现，这些表现之间有些可以相互支持和验证，有些反而存在矛盾或冲突。尤其是关于候选人"工作态度"上的表现，因为作为面试环节，候选人多多少少会存在掩饰的倾向，他们总想表现出自己最好的一面，而他们在面试中所讲的"故事"及一些外在表现可能又会使考官质疑他们的陈述。这个时候就需要考官全身心地投入，认真、严谨地对其表现进行归类。比如，在"大局观念"方面。在银行信贷管理工作中，大局观念所体现的行为有：

- 坚持自己的风险判断，必要时顶住内外部压力做出否决业务的决策；
- 能够站在前台业务部门角度考虑风险管控工作，而非局限于自身业务条线；
- 从务实的角度解决风险和业务发展之间的矛盾，以解决问题为出发点；

……

面试中，考官要充分理解大局观念的含义及主要的行为表现。同时，考官需要标记出候选人在面试中的表现哪些体现出了大局观念，可以用"＋"号表示，哪些是大局观念的负向行为，可以用"－"表示，最后统计"＋"、"－"的频次，做出总结。同时，在归类过程中还需要考官识别哪些表现是候选人的典型表现，哪些是非典型表现，哪些是真实的表现，哪些是"应试"表现，这些表现之间的内在合理联系是什么。再有，还需要根据目标职位的要求对候选人表现所反映出来的思考问题的深度、考虑问题的广度、做事的主动性与被动性、结果产出的创新性与实效性等各个方面进行归类。而所有这些归类，都需要考官深入到面试测评过程中去。

在对多个方面归类的基础上，考官可在"大局观念"上对候选人做出总结："A候选人能够站在组织角度考虑风险问题，他有非常强的原则性，即使面临非常大的内外部压力，也能够顶住压力否决业务实施。但是，从组织发展角度考虑，他会过于站在自身风险条线考虑问题，缺乏站在业务发展和风险防范双方的视角考虑问题"。而且，这些总结需要以书面形式呈现出来，而非仅停留在考官的"脑海"中。

评价

在面试的评价环节，如果要想保证评分的准确性，同样需要以"投入"、"审慎"的态度去打分。还是以上述商业银行中台副行长竞聘选拔为例，要想评价得准确，在评价环节还需全面地考虑以下几个方面的因素。

- 打分的过程中标准应该始终如一。针对同一职位，上午面试时是高标准，下午也应该保持高标准，明天面试时也应该如此。这个过程同样需要考官全身心投入，以保证自身评价标准的一致性。
- 打分的过程中，需要在各个方面对候选人进行评分，如"业务素质"维度 8.5 分,"沟通协调能力"维度 6.5 分;同时需要对候选人的整体表现进行评分,这个过程是对各个维度的整合性分析,需要占用考官的大量认知资源。

- 面试中需要不断"回顾"目标职位的任职要求是什么:需要候选人上任后马上做出业绩?还是允许一段时间对上任者进行培养?经验型候选人在前者情况下会被打高分,而潜力型候选人在后面的情况下会被高评价。

- 组织的迫切需求程度如何:是矮子里拔将军?还是说宁缺毋滥?这关系到所有候选人整体分数的分布,面试评分在前者情况下会被评价得高一些,而在后者情况下会被评价得低一些。

- 打分往往被理解为一个分数,其实这只是对候选人的表现进行"数量化"的评价,打分的过程中还需要对候选人进行"质性"的评价,即用文字的形式来描述候选人突出的优势、突出的不足及其针对目标职位要求的匹配度,乃至候选人将来如何安置及如何发展等。

……

作为人才评鉴及发展工具之一的面试,从评价效果来看,它的预测效率是比较高的,这也是各类组织用得最多的一种工具。但是,从现实情况来看,也是用得最"泛"的一种工具。主要原因还是没有将这个工具用到深处、用到精细化。这里面比较核心的一个问题就是考官没有以"投入"的态度去做观察、记录以及在此基础之上的归纳、总结与评价。要想在面试中做到评分准确,确实是一个"劳力又费神"的活,而遵循 ORCSE 过程有助于我们更好地做到评分的准确性。

刊发于《企业管理》,2013 年 10 月

人才培养篇

　　人才发展是为未来的成功做准备。对成年人来说，用什么方法能够加速其成长呢？回忆起一个人的成长经历时，我们会发现，往往是在如下几种情况下，人的改变最有可能发生：

　　亲眼看到不同于自己平时的做法时。今年去华盛顿参加ASTD（现更名为ATD）大会时，亲历了四天的美国式演讲。回国后自己的授课风格发生了很大的变化，互动更多了，讲故事更多了。之前，知道应该这么做，可行动上并没有发生变化。但在亲眼目睹后，改变奇迹般地发生了。

　　经历了巨大的挑战后。人们习惯于在舒适区活动，改变的过程并不是一件舒心的事情。但是，当我们被扔到熔炉中时，潜能才会真正被激发出来。在克服困难、承受压力的过程中，只要没被打垮，我们的智力资本、心理资本就会变得更加强大。

　　高人指点时。小时候，我们对自己的优势和不足看不清楚。但遇到良师益友时，他会启发你、鼓励你，如醍醐灌顶，或幡然醒悟，或重燃信心。笔者清楚地记得小时候由于学习成绩好，沾沾自喜，免不了显摆自己的辩论能力。不久，有位邻居语重心长地对笔者说：不要小聪明，要大智慧。30多年了，笔者还记得他的这句话，鞭策着自己脚踏实地，登高必自。

好教练"长"什么样

田效勋/文

当今中国企业的人力资源管理水平，多数企业已经进入了人才开发阶段。大家都意识到，人才梯队的建设，是业务持续健康发展的根本保障。在人才培养中，教练或导师制，在很多企业得到了广泛应用。

教练式领导，对培养人才，提升团队的长期绩效，是非常有效的领导方式。众所周知，通过教练过程，能够有效地帮助员工学习与成长，提高员工满意度和敬业度，从而间接提高客户满意度，增强企业的核心竞争力。

然而，不是所有的管理者都是合格的教练，那么，好教练"长"什么样呢？或者说，教练的胜任特征有哪些呢？

教练的使命是促进被辅导者的逐步改变。这个改变是一个循序渐进的过程，从觉察、计划，到行动，并持之以恒。要实现这个使命，需要做很多具体的工作。

第一，教练和被辅导者建立融洽的信任关系。

这是教练是否成功的前提条件。为此，教练需要与被辅导者建立起一种合作关系，双向交流的关系，尊重被辅导者，而非傲慢地对待被辅导者。此时，教练不是"老板"的角色。要让被辅导者感受到温暖和信任感：教练是关心人的，容易建立联系的。对某些人来说，做到这一点是自然而然的事情，但是，对另一些人来说，如果要担当教练角色，需要专门发展这方面的技能，具备如下胜任特征：对人际关系的洞察力、同理心、乐于助人、诚实待人。

第二，教练与被辅导者的高效沟通。

辅导过程是一个沟通的过程。沟通的基础是倾听。倾听是用心听，而不仅仅是听到表层的内容，还要听到内容背后的情感和含义。很多时候，语气语调更能传递真实的信息。因此，教练要积极倾听、深度倾听。

作为教练，听懂了之后再向被辅导者提出高质量的问题。高质量的问题是简洁明了、有目的、有影响力的（但无控制感）。在我知晓一个被辅导者有时会不自觉中说话得罪人时，我问到：你是如何了解到对方被得罪了的呢？你当时说了什么话？我问这个问题的目的，一方面是鼓励他觉察沟通对象情绪状态的行为，另一方面，试图引导他分析原因，寻找行为改变的策略。

总的来说，为了实现高效沟通，需要教练具备如下胜任特征：倾听、启迪思维的提问、激发被辅导者讲述、总结概括能力。

第三，教练要促进被辅导者的学习与成长。

与被辅导者的沟通，最终的目的还是促进其学习与成长。成年人的学习和学生有很大的不同。成年人已经形成自己的经验和思维模式，有自己的认知结构。在辅导过程中，教练需要结合被辅导者本人已有的经验和模式。

为此，需要教练具备如下胜任特征：反馈技能、因材施教、约束自己少给具体建议、了解被辅导者的学习方式、掌握成人学习的特点与规律、平衡提供支持与给予挑战的比例、对人成长与行为改变的乐观性、对被辅导者反馈的开放性。

看来，当一名优秀的教练，也是一件很不容易的事情。教练的过程，也是自我成长的过程。管理者从教练过程中，除了收获人才之外，也收获了个人的发展，领导力的提升。

有时候，组织无法选择谁来当教练。此时，要对教练进行系统地培训。在培训过程中，除了讲清原理之外，最重要的是提供一些实践的案例，让他们在体验和练习中，深刻理解教练之道，掌握辅导之术。

开启"导师制"的4把钥匙

胡 炜/文

"导师制"（Mentoring-system Development Program，MDP）与"个人发展计划"（Individual Development Program，IDP）、"领导力发展计划"（Leadership Development Program，LDP）并驾齐驱，成为目前企业应用最为广泛的人才开发体系之一。

从工匠时代的"师带徒"模式开始，基于导师制的人才开发模式经历了复杂的变迁。人们对其培养效果和应用范围也始终存在不同的认识。运作得当的"导师制"个性化人才开发项目能够贯穿在组织人才梯队建设的过程中，发挥为人才池持续"注水"的作用。

企业家们日益认识到，当好下属的导师，是组织中每个管理者提升领导力，同时加强所辖组织人才梯队建设的必修课。但人力资源部门如何运作好"导师制"呢？

以下是我们在辅导企业建立人才梯队建设体系过程中的一个"优才-导师"项目案例，来看看导师制运作的关键点都有哪些？

目标对象是针对入职3~5年的青年员工。面对的问题是，处于快速扩张期的A集团企业入职3~5年之间的青年员工流失率高达39.6%。离职员工前五位的原因：74.4%的青年员工反馈职业发展空间不清楚，66.6%的青年员工反馈缺乏足够的指导和培养，47.1%的青年员工认为上级的指导培养不足且存在不恰当管理行为，27.3%的青年员工认为自己的成长和职业发展不匹配，23.4%青年员工认为薪酬无法满足期望。由此可见，根本问题聚焦在人才的开发平台和职业发展上。而解决这些问题，首先要引发决策层的思考和行动。

钥匙1·发挥决策层的作用

在专家建议下，人力资源部拿出青年员工流失造成近期和远期人才战略难落地的数据事实，说服决策层形成了以下的决议：①要对青年员工投入更多的开发资源；②在保留人和培养人方面要拿出相应的激励办法。包括：担任导师的专项奖金、优秀导师的优先晋升机会、导师工作在绩效管理数据上的加分等。通过探讨，把目前与青年员工有直接工作关系的一线业务主管和分支机构一线业务负责人圈定为潜在的导师群体。

钥匙2·找到"优才"与"好师傅"

为了找到高潜力人才，确保企业对人才培养的投资在未来获得更高的回报，A企业专门借助人才测评专家对青年员工进行测评。那么用什么标准和方法来识别人才呢？

各类测评方法很多，选择上有这样几个原则：

（1）建立以战略、文化和业务目标为导向的胜任力培养模型。
（2）尽可能从未来更高一个层级工作中取样，设计评估方法。
（3）选取有良好实际工作绩效预测性的测评方法。
（4）选用能区分个人职业发展倾向的行为风格评估工具
（5）针对青年人才适当加大潜能类的评估工具权重与应用。

A企业最终选择了管理情景的模拟、认知能力测验、工作经验问卷、结构化行为面谈、职业行为风格问卷、履历分析等多项工具。通过这些工具选出了100名首批入围"优才-导师"项目的学员，即"青年100计划"。

人力资源部同步在全公司范围内举行了一次导师选拔，主要针对各团队主管级的中基层管理者。通过内部答辩和外部测评，圈定了囊括各业务条线的首批33名导师，所有导师都参与了为期一周的"团队建设能力：如何当一名好导师"的培训。通过培训测评的被公司高层授予"导师证"。除了培训能够带给导师自身管理能力成长的增值外，类似证书、会议等仪式感强的活动往往会给一个人才管理项目带来意想不到的价值。

发证后，是仪式很隆重的"拜师会"，签订"师徒契约"。在契约中详细界定出导师和"学徒"的责任和关系，以及一些道德和法律的约束条款。并留出具体篇幅为两者填入针对性的培养目标、计划、资源。

除了"师徒契约"，还要有明确的指导手册和管理办法，从而让学徒放心、安心、全心地投入到导师制的培养过程。当然仅有制度是远远不够的，人心都是肉长的，要让导师和学员能够凝聚到一块，我们还必须要考虑"导师"和"学员"的搭配问题。

钥匙3·"导师-学员"匹配和"学员间"匹配

在导师接受培训期间，A企业利用具有心理学背景的外部专家对导师的行为风格进行评估，学员对导师并不了解，所以在"拜师"前很重要的一项便是将导师的风格介绍给学员。尽量让能力优势和短板接近，在行为风格上接近或互补的学员组成学习小组。在"拜师"一个月后，我们发现这些"导师"团队的整体关系融洽，学员对导师的信任和信服程度都比较好，而且均反馈自己在导师身上"有所收获"。

钥匙4·设计好辅导项目

整个培养过程会要求定期举办"沟通辅导会"，由导师进行单独辅导、团队沟通。每名导师都负责3~5名青年员工。为了指导这些员工自己也必须得不断地学习，并且为自己负责的学员设计和安排实践锻炼项目和课题。

A企业的导师在人力资源部的帮助下开展了以下系列课题：
- 职业生涯目标与行动学习计划设定
- 专业/业务方面的问题解决
- 经验/案例的分享

- 拓宽"学徒"人际关系网络及沟通技能
- 任务/项目管理能力的培养
- 时间/精力管理实践

上述每项课题都结合到学员的实际工作中，而非单独的培训。70%的内容是发源于最初对学员的评估和战略导向的胜任力培养模型。因此，学员的具体行动学习计划是个性化的。A学员和B学员虽然同样是开展时间管理能力的培养，但有可能两人的行动计划完全不同。人力资源部每个月会随机抽取一定的学员和导师进行分别座谈，并评估导师对学员的跟进情况。通过问卷和访谈结果来按季度评估导师的水平和对学员的辅导状况，评估结果计入导师个人年终绩效评估"学习成长"维度的评价。

一年下来发现，新员工的组织满意度提高了近40%，所有参与项目的员工无一离职。同时，基层管理者反馈，通过担任导师，能够更好地换位思考，跨越"代沟"。在项目半年期评估的时候，发现员工已经在职业行为、业务问题解决、团队组织协调等多个方面有了明显的改善。用360度行为问卷进行后评价，和进入导师项目之前相比，每位学员在自己优势特征方面，平均提升了7个百分点。在自己短板方面，平均提升3~5个百分点。个人在所属同级团队中的绩效水平均提升到前75%的群体。见图1。

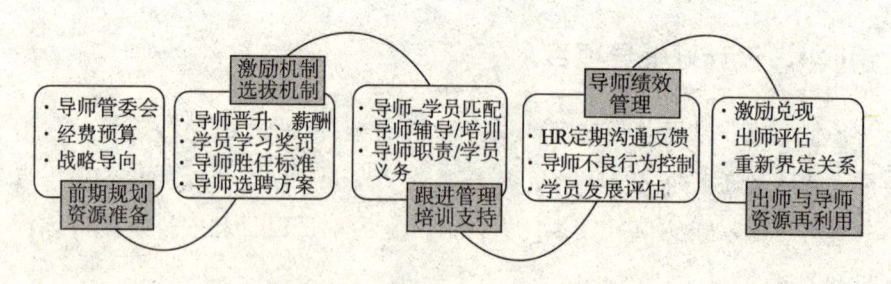

图1 基于"导师制"人才开发运作过程示意

用好"导师制"的反思

要真正使"导师制"用好用活，过程中需要注意以下几个方面：

反思1：运用好"心理契约"

著名的工业组织心理学家施恩（Schein）曾反复强调企业管理者不要忽视员工内在满意度与期望达成之间的关系。在期望达成过程中，如果有确实的管理举措和机制保障，则会提升被培养对象的职业安全感。既能够为留住人才提供心理基础，也为让参与培养的人敞开心扉接受指导奠定了基础。

"被重视度"是组织心理契约的一个很重要因素。通过我们持续分析发现，能够带来这种"被重视程度"管理举措从高到低依次是：

- 决策层的直接牵头或参与
- 足够的资源支持
- 针对"导师"的激励措施
- 学员有明确的评估反馈和职业目标
- 有"仪式感"的项目过程设计
- 人力资源部动态的跟进调查与评估
- 外部导师的引入

国外一项研究表明，70%导师项目失败，都是在组织中缺乏足够的支持和理解，导师资源匮乏且未被"足够的激励"。

反思2：在"导师制"中整合运用多种人才开发技术

美国著名领导力发展学者沃伦·本尼斯调研了美国8大制造和制药企业后发现，按照影响力大小（或者可以推论为被接受或被应用范围大小），各类人才开发方法排在前10位的分别是（见表1）：

表1 沃伦·本尼斯对人才发展方法在企业中感知度的调研

排序	发展方法	排序	发展方法
1	行动学习	6	海外轮岗
2	跨职能轮岗	7	参与战略制定与研讨
3	360度反馈	8	正式的内部导师制
4	会晤高层管理者	9	非正式的内部导师指导
5	外部教练	10	企业内部案例学习

在实际运作中，我们并非割裂地运用各种方法。在一个完整的导师项目中，可以利用高层管理者作为核心中层的导师，运用行动学习的方式来完成学习小组的指定工作课题。在进入导师项目的初期，对人才进行评估，并做出及时的360度反馈强化学员自我认知，会促进导师和学员参与的热情，同时也为后期自我发展指明了培养方向。如图2所示。

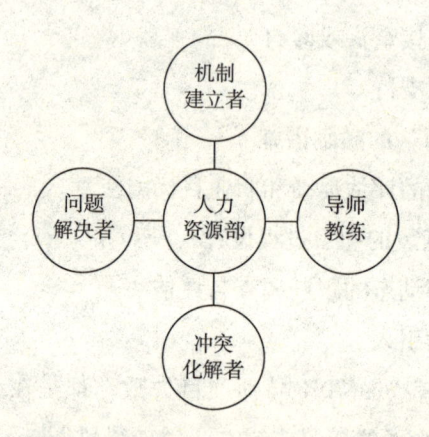

图2 人力资源部门在"导师制"中承担的角色

反思3：人力资源部务必承担的四大角色

整个项目运作过程中，人力资源部在组织中扮演了导师教练的角色。通过制定规则，实施培训，引入外部专家资源，过程中持续跟进评估，设计并实施针对导师和学员的激励机制等举措，站在导师的背后不断地促进导师和学员的共同成长，也促进了项目的不断完善。

当然，人力资源部门最重要职能的是建立一套管理机制，并且与企业内部人才开发管理的日常活动嵌合起来。争取资源、制度的保障，促进导师制的顺利进行。

刊发于《中外管理》，2013年12月

一种提升领导力的新方法
——发展中心

连 旭/文

引子：一个苦恼的总经理

陈总一年前到某金融机构任总经理，经过一年的观察和了解，他发现，虽然这家机构经营效益很好，但在管理方面存在很多潜在的问题，尤其是人员素质问题。虽然员工的文化水平很高，但大家工作的进取精神不足，总是满足于现状，无法跳出传统思维创新性地开展工作。尤其是中层管理者，在经验和专业方面已积累了丰富的经验，但是职业素养、管理能力以及追求发展的动力明显不足，工作总是达不到他的期望。这样的人员队伍如何来应对未来日益激烈的资本市场竞争？一年来陈总也采取了很多管理手段，建立明确的企业文化、引入先进的管理培训课程、大刀阔斧地进行人力资源改革等。但是如何让中层管理者真正明确企业对他们的要求，认识到自己的不足，并能有效地改进，这一直是个难题。陈总发现依靠传统的思想教育工作或管理办法已达不到想要的效果，那么有没有更好更新更科学的思路和方法呢？

恰好此时，陈总接触到了智鼎咨询的咨询师，咨询师根据陈总的需求专门设计了基于评价中心方法论，采用发展中心思路的"评价中心测评—结果反馈辅导"解决方案。这一解决方案同时配合组织内部的新一轮中层管理岗位竞聘工作。

国际企业的成功经验（如AT&T，Nokia等）已经证明，评价中心技术是选拔人才最有效的工具，而近几年评价中心技术的延伸——发展中心技术也日益成为人才培养和发展又一有效的工具。在国际大型企业中，评价中心的测评结果不仅用于辅助人员选拔或提升的决策，同时还可作为职业发展、能力提升、组织发展和继承者计划的工具之一，当评价中心技术用于后者目的时常称之为发展中心。

设计发展中心的四个原则

1. 多角度多方法多专家地进行评价中心测评

通过访谈从脑力、态度和人际技能三个角度确定测评的多个维度，采用心理测验、情景模拟和行为面试多种方法进行测评，同时由多个专家对候选人进行评价。

2. 充分利用多种测试的结果

综合应用心理测验、情景模拟和行为面试三种方法的测评结果对候选人进行定性的评价，形成对个人有建设性意义的个人发展评估报告。

3. 通过"原音重现"技术使候选人对自我的优劣势进行反思，采用观看小组活动录像的方法，使候选人站在第三者的角度审视自我表现，反思自己的优劣势，将帮助候选人确认自己的优势，清楚自己的差距。

4. 面对面的反馈与辅导

测评专家与候选人进行面对面的反馈与辅导，帮助其明确职业发展方向以及未来能力提升的方向，同时达成个人发展与组织发展的共赢，形成对个人和组织均有建设性意义的个人能力提升建议。

实施发展中心的六个阶段

第一阶段：了解组织对人才培养与发展的需求。

通过访谈和资料分析的方式，了解该机构对人才培养与发展的需求以及整体思路，确定测评的维度，为"测评—结果反馈辅导"的实施提供基础，同时也保证了"测评—结果反馈辅导"过程与组织发展策略思路一致，并尽可能充分贯彻组织对人才发展和培养的理念。

第二阶段：开发评价中心测评工具和方法。

根据前期确定的测评维度选择并开发有针对性的测评工具，本项目采用的测评方法有心理测验、小组讨论和行为面试。

第三阶段：现场实施测评。

第四阶段：测评结果整理分析。

多名专家通过对测评资料、录像的评分、分析讨论形成了每个候选人的测评成绩和评价报告。评价报告根据阅读对象不同分为两种：供机构管理层阅读的报告是"测评报告"，会一针见血地指出候选人的优劣势以及在任用培养方面的注意事项；供候选人自己阅读的报告是"个人发展评估报告"，从个人优势、职业发展建议和个人特点风格三个角度为个人发展提出建设性的意见。

第五阶段：测评结果现场反馈辅导。

测评结果现场反馈辅导共分为三个环节：与咨询师的面对面反馈与辅导，观看无领导小组讨论录像片段，个人阅读"个人发展评估报告"，每个人反馈与辅导的时间为45分钟左右。在此期间咨询师除了对候选人的优劣势进行反馈外，更重要的是帮助候选人设计对个人和组织均有建设性意义的个人能力提升建议。

第六阶段：反馈资料整理。

咨询师会根据结果反馈过程中个人提出的意见和想法，以及双方共同达成的一致意见，形成针对每个候选人的"个人能力提升建议"，其中包括个人需要提升的具体能力、能力提升的途径和需求等。最终针对每个候选人的"个人能力提升建议"提交给人力资源部备案，成为人员培养的重要依据之一。

该机构的"评价中心测评—结果反馈辅导"解决方案从策划到实施结束共历经了一个月的时间，参加"测评—结果反馈辅导"的人员深有感触，有些人感觉一个月前后自己对自我的认识有了翻天覆地的变化，有些人感觉自己再次创业的激情被重新唤起。陈总也觉得能够通过第三方专业机构传递自己的一些管理意图，中层干部的心态也有了细微的变化。

实施发展中心后的效果

有一个部门的王总经理在营造部门氛围上非常擅长，员工也非常愿意听从他的领导，但他领导的部门工作总是限于传统的模式，不能达到陈总探索创新型模式的要求。通过咨询师的测评以及与陈总的交流，我们发现王总经理无论是管理能力还是业务能力都不差，问题在于部门和个人角色定位不准确。在组织把一个新型开创性业务交给他时，他还是用原来开展工作的思路去管理部门，而没有想到给自己和部门员工更多压力，主动去开拓未知领域的工作。当咨询师给出角色定位差异方面的反馈和建议时，王总经理坦言"我过去一年的工作确实比较轻松，自己没有太多压力也没有太多业绩"。此时，咨询师将陈总对他的期望和要求巧妙地指了出来，王总经理才意识到自己应多主动与上级沟通，站在更高的层面领会上级的意图，有压力不是坏事，没有压力也许不是好事。

另一个部门李总经理是个非常能干的女强人，陈总对她也很器重，希望她在内部管理方面能独挡一面。但是她是一个性格直率、雷厉风行的人，在与其他部门共事中经常不太注意考虑其他人的感受，直来直去地推行工作，往往是工作推行了而其他部门并不太心甘情愿。时常会有一些人到陈总处抱怨李总经理做事不注意方式方法，这也让陈总感到较为棘手。在"测评—结果反馈辅导"中，咨询师给李总经理回放了小组讨论中的2分钟节选片段，当咨询师提示："您看您在2分钟内非常强硬地打断其他人3次……"，李总经理恍然大悟："呀！我真没有注意，原来我是这样呀！我并不是有意的！"此时，无需咨询师解释过多，无领导小组讨论录像中的很多细节就是管理者日常工作中的习惯表现，这种"原音重现"像一面镜子一样照出了每个人的优点和不足，而这些恰恰是个人无法体会和认识到的。当我们事隔一周再与李总经理会面时，我们发现她对人的态度确实比以前温柔多了，能体会得到她在有意识地改变着自己。

需要一提的还有某区域副总张总，他是该机构的老员工，工作经验和专业方面都很过硬，但陈总总觉得他工作较被动。通过评价中心测评，咨询师发现张总无论专业能力还是管理能力方面均较为突出，问题在于他的心态略显消极，不太愿意与上级沟通。在结果反馈辅导环节，张总向我们吐露了心声，"我已是老员工了，也不会有太多发展了，我本以为通过这次测评被竞聘下去，没想到还是被选上了。"可见张总缺的不是能力，而是干一番事业的动力。我们充分肯定了他的能力，也转达了陈总对他的认可和期望，告诉他上级非常愿意与他沟通，听到他来自区域的声音。能感觉得到张总为之一震，我们心中也衷心希望张总能在新岗位上有所作为。不久张总打来电话，他兴奋地说："我用了一周时间解决了去年一年未解决的事情。"在祝贺张总同时，我们也为"评价中心测评—结果反馈辅导"解决方案为组织发展起到一定作用而小有成就感。

实践迫切需要第三方专家帮助管理者自身"照照镜子"

在最近与客户交流中，客户经常会提到如何让测评结果得到更充分的应用，如何更有效地指出中高层管理者的不足，如何更有效地提高领导能力等问题。可见，企业领导者的需求不仅仅局限于如何更准确地选人、用人，在更有效地培养人才方面有更迫切的需求。而"评价中心测评—结果反馈辅导"解决方案不仅能帮助企业选准人用对人，而且能采用面对面反馈辅导的方法一对一地提高管理者的综合素质，为企业的管理者能力培养和发展提供了新思路和新方法。

刊发于《人力资源开发与管理》，2009年1月

点燃人才培养发动机
——IDP 抓行动学习落地

刘瑞利／文

2012 年年初，某国有商业银行二级分行面临着基层营销骨干流失严重、狼性不足、业绩急剧下滑的局面。人力资源部曾开展了多次培训，学员普遍反映收获很大，但回到实际工作中"涛声依旧"。正所谓"培训时心情激动，培训后一动不动"。是否存在新的人才加速培养的模式能够引爆个体自我改变的渴望，并将新的行为方式重复固化，持续产生作用呢？该行领导决定跟智鼎公司合作，启动"A 计划"，即从入行 3 年以内 300 名青年员工中选拔 100 名高潜力的苗子充实客户经理队伍，并进行为期 1 年的加速培养。

个性化反馈引爆个体改变的渴望

识别高潜质的"好苗子"是"A 计划"的基础。在解读该行 2013 年发展战略的基础上，梳理出了客户经理队伍的人才标准。基于人才标准，从业务知识、业务技能、上级评估、成长潜能 4 个角度对 300 名青年员工进行了评估，最终挑选了 100 名"好苗子"进入客户经理人才库。采用在线评估，满足了客户压缩前期评估时间的要求。如何才能激发这 100 名"好苗子"自我改变的意愿呢？改变的前提是源自个体清晰的自我认识，需要让客户经理意识到自身能力现状和人才标准之间的差距，只有认识差距，才有可能缩短差距。对照人才标准，结合个人评估报告，我们为每个学员进行了反馈。当学员意识到自己的能力现状，有了改变的意愿后，接下来就要告诉学员如何去扬长补短。通过辅导，让学员自主量身定制个人能力提升计划（IDP）。IDP 就是个体对组织、自己的承诺，接下来的培养将为个体搭建兑现承诺的平台。

IDP 是行动学习落地的抓手

与传统培训相比，行动学习让"老师退位，学员登基"，通过为学员搭建集中研讨的平台，让学员自主解决目前实践工作中最紧迫、最重要的问题，并分析原因，提出解决方案，并付诸于实践，真正做到从实践中来，到实践中去，学有所用，学以致用。见图1。

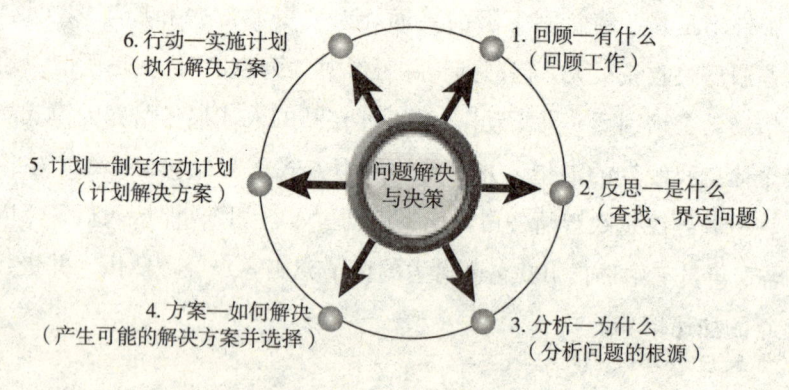

6. 行动—实施计划（执行解决方案）　　1. 回顾—有什么（回顾工作）

5. 计划—制定行动计划（计划解决方案）　　问题解决与决策　　2. 反思—是什么（查找、界定问题）

4. 方案—如何解决（产生可能的解决方案并选择）　　3. 分析—为什么（分析问题的根源）

图1　行动学习的思维逻辑

确定研讨主题至关重要。"A 计划"在确定主题时进行了充分调研，选取了该分行目前面临的至关重要、真实存在、亟待解决、与客户经理密切相关的4个主题："如何维护好存量客户？""如何拓展新客户？""如何提高客户的忠诚度？""如何提高日均存款量？"。围绕4个主题，举办了4期行动学习研讨会。见图2。

"A 计划"成功的关键在于将 IDP 和行动学习措施结合起来，将 IDP 作为抓手来推动行动学习落地。IDP 中待提升能力与个人绩效直接关联，提升能力的行动计划与实际工作紧密相连，能力提升将直接推动绩效达成。而行动学习的研讨主题，正是学员实际工作中亟待解决的问题，研讨会所形成行动措施可与能力提升完美结合，使学员在解决问题的过程中能力得到了锻炼，业绩获得了提升。

比如某客户经理的"客户关键建立"能力亟待提升，将第一期研讨

人才培养篇

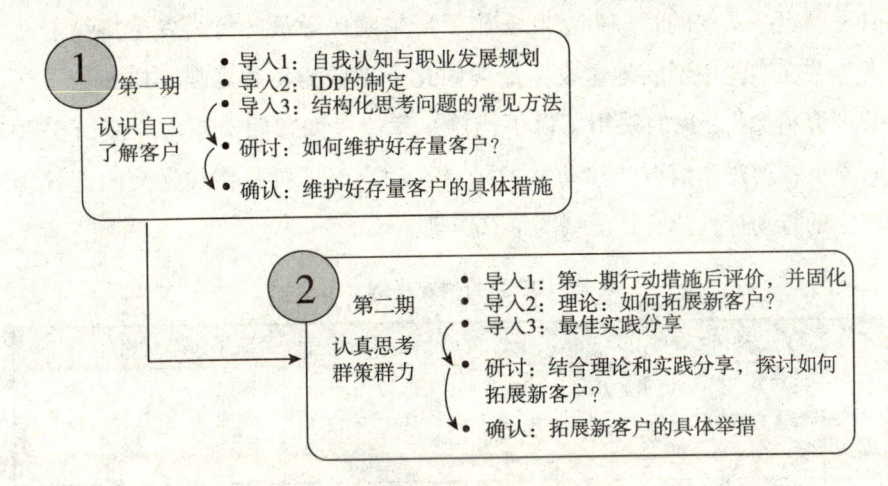

1 第一期 认识自己 了解客户
- 导入1：自我认知与职业发展规划
- 导入2：IDP的制定
- 导入3：结构化思考问题的常见方法
- 研讨：如何维护好存量客户？
- 确认：维护好存量客户的具体措施

2 第二期 认真思考 群策群力
- 导入1：第一期行动措施后评价，并固化
- 导入2：理论：如何拓展新客户？
- 导入3：最佳实践分享
- 研讨：结合理论和实践分享，探讨如何拓展新客户？
- 确认：拓展新客户的具体举措

图2 行动学习研讨会样例（节选）

的行动措施融入到 IDP 之中，见表1。

表1 IDP 样例（节选）

提升能力	行动方案及步骤	所需资源支持	时间与目标
客户关系建立	1. 掌握不同类型人的行为风格，选择合适的沟通方式； 2. 落实如何维护好存量客户措施，如客户分层分类、产品切入、处理客户异议等； ……	1. 提供一次《如何识人》的培训； 2. 支行行长直接带教，定期反馈； ……	1. 4月1日完成行为风格书籍的学习，提交读书笔记； 2. 4月1开始，每周提交1位客户拜访记录，并分析客户行为风格； 3. 提交行动学习计划执行情况，每月1次，第一次提交日期4月17日； ……

支持系统确保改变的能量不衰竭

一些人才培养项目"流产"的原因之一，就是学员形成的新的行为方式很难固化下来，刚开始可能激情澎湃，随着能量的衰竭，就前功尽弃了。为了确保学员将IDP及行动学习措施落地，我们为学员搭建的支持系统发挥了支持、监督的作用。比如，成立项目管理委员会，争取一把手及其他领导的支持；建立"内部导师制"，做好学员的沟通辅导。同时还制定一系列的管理办法和实施手册来确保学员的行为发生持续的改变，并在实践中不断地重复，最终固化下来成为一种习惯。比如为了能够"盯得紧"，我们采用了以下措施：每位咨询顾问1年内"紧盯"20名学员；通过微信群、移动学习平台互动交流；每月在线提交内部导师签字的行动计划执行情况（见表2）等。

表2 IDP执行情况样例（节选）

序号	行动任务分解指标	完成情况回顾	面临的困难
1	提交客户拜访记录，并分析客户行为风格特点	完成日期：4月17日 提交方式：录音片段和word文件	
2	落实如何维护好存量客户措施，如客户分层分类、产品切入、处理客户异议	完成日期：4月17日 提交方式：录音片段和word文件	过程中，会遇到客户的质疑，希望下期研讨会时听听其他同伴的应对措施
……	……	……	……

内部导师评价意见：
1. 针对客户的行为风格的分析比较笼统，特点不鲜明，下月的提交记录要细致一些；
2. 找我沟通反馈的频次，建议每周1次。

内部导师签字：

"A计划"实施1年后，我们对该分行进行了跟踪调研，100名客户经理中，有27人晋升为网点负责人，100名客户经理业绩与任职3年以上客户经理平均水平基本持平。

项目的威力远不止业绩的提升，学员学到的不只是行动学习研讨会所积淀的具体行动措施，还有自主思考问题、解决问题的能力。这种能力所激发出来的行动举措又通过IDP最终落到了实处，用IDP来抓行动学习落地已经成为学员的一项重要技能，更是一种工作习惯。而这种技能、习惯又被人力资源部在全辖客户经理范围内进行了推广，为客户经理队伍整体能力的提升奠定了基础。2014年，该分行将与智鼎公司联手开展网点负责人的培养项目。

刊发于《培训》，2014年6月

授权与控制

胡 炜/文

随着企业的日益壮大，管理者除了本身职责的工作量在加大外，还会衍生出许多新的工作，在这个时候，管理者既要不断提高自身的工作效率，还需依靠授权来提升工作效能，并通过授权来提升团队成员的工作能力。研究发现，很多新晋管理者一开始的授权并不顺利。他们苦恼于该把什么样的工作授权出去？把权授予什么样的员工……从本质上来讲，授权也是一个识人用人的管理过程，需要管理者在这个过程中达成"人-任务"的和谐匹配。

识别工作中的任务类型

优秀的管理者都清楚自己所承担的权责范围，他们对不同工作进行授权的时候，首先会对工作中具体任务活动进行识别，判断为履行权责而完成的诸多工作背后需要哪些能力。任何一项工作都包含了三种不同类型的任务：决策型任务、推动型任务及操作型任务（见表1）。

表1 工作中的任务类型及授权特点

任务类型	被授权频率	授权过程中的主要障碍	承担者需要的关键能力
决策型	低	管理者心态开放不够	综合分析、判断力
推动型（网络型）	中	管理者认识简单化	关系建立、沟通协调
操作型	高	管理者/被授权人投入度不够	严谨细致、责任感

1. 决策型任务

"目前公司人力资源流失很大，人手紧缺的问题应该怎么解决？"

"头儿，对手又开始降价促销了，我们跟进吗？"

这类任务往往都是一个个的问题，需要管理者去决策和解决。但在各类工作中包含这类任务的比例也不完全相同。并且越是重要、关键的工作，包含这类任务的比例越高，越是高职位的工作，这种类型的任务所占的比例就越大。针对这一类型的任务，需要实施者善于收集、整合多方信息，去伪存真，综合分析后再作判断。

2. 推动型任务

"头儿，咱们市场部和财务管理部就上次那个项目费用争起来了。"

"张总，晚上同时有两个宴会，一个是市政府 X 局的，一个是我们最大合作伙伴 Y 公司的，都希望您能光临。"

这类任务往往会让我们联想到在不同环境中"长袖善舞"、保持良好社交关系网络的人，因此又称为网络型任务。需要任务实施者善于利用各类资源、协调好多方关系（冲突），最终落实任务目标。推动型任务的完成往往依赖任务实施者良好的关系资源和网络，也依赖于个人在人际交往、处理协调和冲突方面的能力。这类任务容易简单授权，实践过程中，管理者通常只从临时替代角色的角度去考虑这类任务的授权安排。

3. 操作型任务

"领导，这是上次开会已经达成共识的工作备忘录，你不在，没法签字。"

"这是总部转来的《关于×××安全管理》的邮件，需要下发吗？"

这类任务是管理者日常工作中最多的，也是工作的具体办理或执行环节，因此，这类工作最容易、也最频繁地被授权。如果管理者把这类操作性的工作都放在自己头上，将无暇顾及团队发展、业务方向这些更需要他去操心的关键方面。在实施过程中，这类任务在授权后经常出现拖延、遗漏等问题。

MAP 模型识别人员的"地图"

用好人，是管理者永恒不变的话题，在授权过程中亦显得尤为重要。因此，在任务授权中要达到"人-任务"匹配的另一个关键环节就是准确识别被授权对象的能力优劣势。如果管理者能够有意识地去把握识人的某些关键的方面，将会快速而全面地找到合适的授权对象，或者根据授权对象能力来更准确把握授权尺度。

1. 脑力

正如美国管理大师罗宾斯所言："所有工作对智力或认知能力都有一定的要求。"工作就是解决问题，我们在一个个的问题中，找寻着各种信息、依据来支持我们做出不同的分析判断。选出脑力优秀的人，无疑会对需要分析决策的任务提供最好的保障。在人类的潜能与天赋中，脑力也是被最为广泛研究的，它决定了我们学习工作和管理技能的速度和质量。脑力好的人在工作中能够快速上手，容易提出更多有创新性的思路和方法，在工作能力和专业水平上有突出的表现……那么，脑力优劣怎么如何识别（见表2）？

表2　用关键行为来识别脑力特点

脑力（Mental capability）	
部分高绩效特征行为指标	部分低绩效特征行为指标
拿到任务，习惯先全面地收集、梳理相关信息	仅凭经验分析或者缺乏足够多的有效信息收集
能够准确界定完成任务过程中可能的问题	界定问题困难或没有界定到实质性的问题
善于把看似各不相干的信息联系起来分析	容易看到明显的现象，但较少联系起来考虑
行动前习惯理出一套框架、步骤、预案	简单地计划安排，并且很少预见可能状况
不拘泥已有的方法去解决问题，批判思考	跳不出既有的做法，很少批判现状

2. 态度

"态度决定一切"，这已成为我们管理工作中的一句口头禅。虽然从研究来看，态度并不能主宰一切任务的完成，但却是导致各类任务完成结果差异化的最直接因素，它将会影响一个人工作的动力（含主动性、责任心等），以及价值取向等方面。态度方面优秀的人在工作中表现出高涨的工作热情和积极主动的态度。这也是为什么工作授权给经验、认识、技能差不多的人，结果仍然会有好坏之分。看待问题的心态，采取行动的动力，对任务的关注、投入，对质量的追求，对结果的雕琢……任其一个方面的差异都会带来授权任务结果的不同（见表3）。

表3　用关键行为来识别个人态度特征

态度（Attitude）	
部分高绩效特征行为指标	部分低绩效特征行为指标
在没有外部要求的时候能自发行动	抱着"司空见惯"的态度来处事
不光完成设定目标，会给工作带来额外贡献	面对重复繁琐的任务短时间就倦怠
习惯自己"找麻烦"，并且积极地面对困难	给自己设计明确的"好恶"，并且不随环境调整
不断把工作与生活兴趣结合	出现问题的时候，会消极地去诠释
为达成目标不怕繁琐	专注于某项任务的时间较短

3. 人际

工作中的问题，80%都是源于沟通。无论是协调、推动、影响，亦或是贯彻执行，都建立在和人打交道的能力方面。人际能力优秀的人在工作中能够更融洽、更灵活地与他人进行合作，或进行有效的管理引导，影响他人工作以完成团队目标。尤其在中国文化情境下，人们对任务绩效的定义既包含了工作绩效，也包含边际绩效。管理者在授权后的期望往往是：既要把事给办成，也要把关系处好。那么，在工作中识别人际能力的指标有哪些（见表4）？

表4　用关键行为来识别个人人际特征

人际能力（People-skills）	
部分高绩效特征行为指标	部分低绩效特征行为指标
经常会发起有效或有意义的沟通	较少主动去发起沟通，或者经常"被沟通"
能短时间地融入一个新圈子或者建立新关系	在新的环境中需要较长时间才能融入或难融入
能够很好地倾听，也能合情理地去理解他人	习惯个人独自琢磨，较少利用他人智慧和资源
对于不同的观点和人，持比较开放和包容的立场	面对分歧时会变得"爱憎分明"
面对冲突和攻击的时候，能保持冷静	以任务本身或者自我观点为立场，拒绝改变
多方法来影响他人，建立影响力	不乐意去影响他人，或者缺乏影响手段

■ 人才培养篇

管理者把从平时工作、生活接触中收集到的个人信息一一与上述行为指标对应，则可以"拼出"他的能力特征"轮廓图"。这个轮廓图就是管理者识人用人的"地图"——MAP 模型。

"人-任务"和谐匹配

如果仅把任务要求特点和授权对象能力识别特点一对一地对应起来，对于管理者来说将会是非常简单、美好的事情，如决策型任务授权就选脑力强的，推动型任务授权就选人际能力强的人，等等。但在现实工作中的任务往往是复杂的，三种类型任务在不同的工作中的比重也不尽相同。我们可以用一个案例来看看如何达成"人-任务"和谐匹配的授权过程：

一家集团公司某事业部门负责人罗辑遇到这么一个问题：该事业部从今年开始不断有人员流失，已经超出了人力资源流失比例的临界值，无论从人力资源部的反馈，还是集团管理层要求来看，都必须尽快予以解决。像我们所有实践管理者遇到的情况一样，罗辑还必须面对屋漏偏逢夜雨的状况：他必须在这段时间离开工作岗位参加集团总部组织的出国项目。管理团队成员中，仅有两位副总曾明聪、任脉强可以作为授权对象。其他的主管在罗辑看来要么太年轻，要么资历尚浅。

首先，罗辑对这次人力资源流失的工作做了一个分析。发现要处理好这个问题，最核心的有两方面工作要做：工作一是收集事业部内外部人员、薪酬、满意度、组织架构、离职人员反馈等各方面信息，综合做出一个决策，找准问题的原因，拟出解决方案；工作二是根据所确定的原因和方案，向人力资源部门和管理层争取到相应的工作资源，并将方案在事业部内部推动落实下去。根据这些工作特点，罗辑做出了工作任务分析轮廓图（见图1、图2）。工作一：决策型的任务占据了最主导的成分，工作二：推动型的任务占据了最主导的成分。

这时候，曾明聪和任脉强两人鲜明的特点在罗辑的心中浮现了出来。曾副总年轻气盛，曾经是部门里最有潜力的青年后备人才，其最大的特

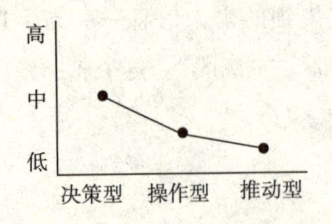

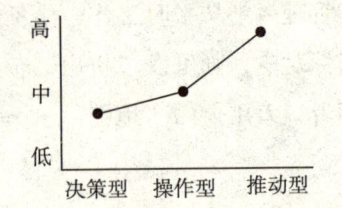

图1　工作一：涉及各类任务频率　　　图2　工作二：涉及各类任务频率

点就是思维周密、敏捷，善于分析，找准关键点来解决问题。可正是因为"太聪明"，性格又直率，常常很直接地将自己的观点鲜明地表达出来，得罪了不少同事。大家暗地里都叫他"真聪明"。而任脉强是一位在组织中年资较久的同事，在工作方面鲜有自己独到的见解和观点，对于很多业务管理问题也不太能把握住实质。但作为老臣，在事业部内有一定威望和影响力，在集团层面，也常常到处走动，联络部门间的关系。很快，两人的能力特点轮廓图也勾勒在罗辑心中（见图3）。

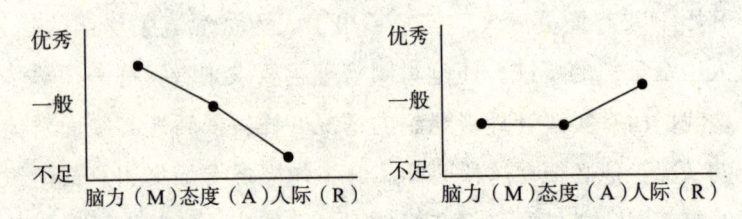

图3　授权对象的 MAP 素质轮廓　曾明聪（左）、任脉强（右）

把工作和人的特点进行匹配，结果很显然，两个人都不能全权地胜任所有的工作。罗辑很快将人员流失工作处理的工作任务清单拟好，并在清单上注明了两人的分工和协作关系。由曾明聪来牵头负责问题的调研，拿出解决方案，这期间涉及到需要跨部门信息沟通的问题，在曾明聪无法推动时由任脉强作为第二责任人出面协调。拿出方案后，也请两人务必邮件抄送一份给自己，确保自己对工作进度的了解和跟进。在推动方案落实的工作上，由任脉强来牵头，对一些比如资源不足、重新调整方案等问题的判断上，由曾明聪作为第二责任人，辅助任脉强来拿主意。

案例中的授权更多还是从达成工作目标，拿出较好的结果的角度做出的。如果既要保证工作质量和效率，又期望通过工作授权来历练个人的短板，管理者还需要在授权管理的过程中注意以下几个方面：

（1）为了确保工作的绩效结果，通常选择那些任务类型与个人优势方面吻合度较高的任务进行授权。但也不排除在可控的情况下针对个人短板进行刻意的授权。

（2）无论是否会产生较大的影响，管理者都应该对可预见到的"短板任务"事先设定管控办法和处理预案。

（3）以培养为目的授权，需要事先将培养目标具体化，并与个人进行沟通，有助于让个人理解上级意图，并有意识去体验和总结过程中遇到的问题和解决办法。

（4）如果要通过授权来培养下属，应注意循序渐进，不要一开始就将包含大量授权对象不擅长的任务授权给个人，从而减少授权失败的风险，同时也能提升被授权人的成就感，增加培养下属成功的可能性。

刊发于《培训》，2012年1月

什么样的人领导力提升快

连 旭/文

领导力的发展与提升一直都是人力资源管理的热门话题，人力资源部门都在想尽各种方法来帮助管理者提升他们的领导力。现实情况中，我们发现处在同一组织环境中的管理者经过三至五年的工作却有着不同的发展曲线，有的人领导力提升得明显快于其他人，而有的人却一直踏步不前。

诚然，有很多客观因素影响着一个人领导力的提升，比如组织环境、工作内容、上级领导的指导等。但是，个人的主观因素却是一个人领导力提升快慢的决定因素。那么，什么样的人领导力提升得快呢？

北京智鼎管理咨询公司对 50 余名成功的领导者进行了深入访谈，调查显示：虽然成功的道路有所不同，但成就一个人领导力不断提升的个人特质却有着高度的相同点——四大特征七大方面：成就导向、观察思考、积极开放与行动力。见表1。

表1

影响领导力提升的个人特质		定义
成就导向	进取心	充满激情、不断追求进步和成功
	责任感	工作主动、认真、勤奋且投入
观察思考	洞察力	对周围环境和问题有敏锐的洞察力
	反思总结	善于反思成败，自省并总结经验
积极开放	积极心态	乐观、冷静，能积极调整自己的心态
	开放心态	包容、适应、学习不同和新鲜事物
行动力		将知转化为行的果断力和坚持性

成就导向

成就导向是这些成功的领导者第一位提及的特点，其中包含进取心和责任感两个核心概念。

有进取心的个体首先有一种"我觉得这是个体自我成长的需要"，一位受访者说。有了这种需要或动力，无论面临什么事情都会充满激情。

进取心也能使个体不断追求成功的过程中不断地学习新东西，正如一位受访者所说，"我想第一个可能是上进心。只有你有强烈的上进心的时候你才愿意学习一些东西，甚至那些是和你原来不同的东西，甚至是否定自己的东西。但你觉得那些都不重要，当你搞明白这点的时候，人的心态就特别好，甚至能吸取别人的经验，所以我想上进心是极其重要的。"

进取心强的人还会在有挑战或有困难时表现得更加突出，进而获得其他人得不到的宝贵经验或知识。

责任感则具体指做工作过程中的主动、认真与勤奋。一位受访者说："这件事是我自己自动自觉来完成的，是我自己自告奋勇来解决这件事情，而且很投入。"

责任感强的人会主动获得更多做事的经历，在此之中以他们的严谨、规范、实干使自己得到成长。

成就导向是个体动机系统的一部分。在主动承担责任的过程中，高成就导向的管理者抓住了更多的实践机会；而在认真投入地解决问题过程中，高成就导向的管理者又能获得更多的经验；所有这些都将促进他们从经验中不断积累进而提升个人的领导力。

观察思考

观察思考是在有了强烈意愿的前提下能够快速提升领导力的另一个重要的个人特质，其中包含洞察力和反思总结两个核心概念。

洞察力强的个体应有"有敏锐的目光",这种洞察力主要反映在对问题和对周围环境的敏感和理解力方面。一位受访者说:"我的反应很快,别人跟我说了一个新概念,那么我很快就会把这个概念与自己建立起联系。我觉得关键就是发现要学习的东西。"而对周围环境的洞察力则会帮助个体从他人身上获得间接经验。"我特别善于发现别人的长处。觉得每个人都有可以学习的地方。"一位受访者这样说。

反思总结的个体是"善于总结自己"的,他们无论事情成败都习惯思考总结,以使自己不断得到提升。

观察思考更多倾向于个体的思维过程。管理者在实践过程中通过对直接或间接经历的观察,不断理解思考,并能总结成规律、原则或方法论,进而可以指导以后的实践,这样的过程循环往复,个人的领导力就得到了快速的提升。

积极开放

积极开放是一种成长的心态,在这种心态下个人的领导力才能得到快速发展,其中包含积极心态和开放心态两个核心概念。

拥有积极心态的个体遇事乐观、冷静,有较强的承受能力,这使得他们"不怕太多的尝试和错误"。正如一位受访者所说,"我这个人的心态很积极。在任何一种情形,我都能发现他给我带来的好处是什么,我都会欣然接受。不是多看负面的东西和可能的风险,而是看到很多积极的东西。这让我很愉快。"拥有积极心态的人在困境中尤其能调整好自己的心态。

拥有开放心态的个体能适应和包容不同和新事物,能保持学习心态,与时俱进。首先,开放的人不自以为是,能包容异同,正如一位受访者所说,"我觉得一个人不能固执己见,要听别人意见,要仔细地考虑正反两个方面的可能和后果。我后来就不怎么太自以为是了"。其次,开放的人拥有学习的心态。最后,开放的人善于适应和改变自我。

积极开放更多倾向于人格特质,开放学习的心态是善于学习管理者

■ 人才培养篇

的重要特点之一，这是目前较为公认的结论。除此之外，能以积极乐观的心态面对所经历的一切事情，尤其是困难，并能及时调整自我，也能使管理者时时保持冷静沉着，抓住最关键的事件来提升自己的领导力。

行动力

行动力是勇于改变自我的果断性，是从"知"到"行"的执行力。所谓果断性即指"你是不是有很强烈的意识改变，并且愿意付诸行动"，一位受访者说。所谓执行力或行动力是指将"知"转化为行动的韧性和坚持性，正如一位受访者所说，"书看多了好象明白了，但是只停留在'知'的水平。所以要快速地把这转化为行动。你要想特别快地进步，那就知道一点就马上转变一点。还有就是要坚持不懈，要锲而不舍，即使在最艰难的情况下，忍耐过去之后就会成功。"

因此，只有持续地将想法付诸于行动才能将知识内化为经验积累下来，才能真正得到领导力的提升。

回顾研究我们发现，作为管理者本人要想快速提升自己的领导力，就要对工作充满激情与责任感，就要在工作中不断反思与总结，就要对来自各方面的信息抱以积极开放的心态，就要勇于改变自我，快速将所学到的经验和知识转化为自己的行动。相信这对想快速提升自身领导力的管理者们能够有所启迪。

刊发于《中外管理》，2011 年 7 月

用体验式练习提升领导力

田效勋／文

有人说，领导是选拔出来的，而不是培养出来的。有人说领导力是天生的，不是后天习得的。其实，领导力是先天条件和后天环境共同作用的结果，它是可以被改变的。体验式练习就是领导力提升的好方法。

领导力是可以培养的吗

领导力是天生的吗？领导力能够改变吗？许多人对此心存疑惑，认为人的个性和智力是影响领导力的重要因素，但因这两个因素都是稳定的个人特征，不容易发生改变，所以，继而推断领导力也不太容易发生变化，其先天成分更大一些，领导是选拔出来的，而不是培养出来的。

这种说法具有一定的道理，但也并不完全如此。比如，我们身边的很多人，多年未见面却突然相聚时，你会发现，除了容颜的转变让你吃惊之外，人际技能的变化也是非常之大的。笔者有个大学同学，他上学时是个非常不成熟且容易冲动的人，但后来三年的基层工作和三年的硕士经历竟然把他塑造成了一位比其他同学都成熟稳重、办事得体的人。尽管酒过三巡之后，他或许又会显露"原形"，但很明显，他已经习得了很多和他本性并不一致的人际技能，且在需要时能很熟练地使用它们。笔者的一位客户，他目前领导着一家拥有上百亿元资产的公司。三年前初次见面时，他总听不得不同的意见，而三年后，随着事业的扩大，他的见识也在不断丰富，竟然对反对他观点的人表示出了非常赞赏的态度！

由此可见，领导力是可以改变的，领导力是先天条件和后天环境共同作用的结果。其中，个人的动机，或者说为了更好地达成事业目标而改变自己的愿望，决定了后天环境发挥作用的大小。你可以不改变自己的个性（当然个性也不容易或者不需要改变），但是，你可以改变自己的行为。例如，性格内向的人，为了达成工作目标，也可以主动和需要沟通的人进行充分的交流，并且可以发挥其细致、耐心的优势，进行更加深入的沟通。

在选拔领导者时，我们常常需要从众多候选人中选择目前能力更加适合岗位要求或者将来潜力更大的人。但选拔总是相对的，不存在绝对不适合的人。当然，这并不意味着，选上来的人就不需要提升领导力了。相反，领导力的提升是终生的事情，只要你方法得当，努力付出，领导力总有发展的空间。

"七步"体验式练习提升领导力——"在实践中学"是最根本的途径，但体验式练习也很重要

既然领导力可以通过后天的努力得以提升，那么，我们应该做出怎样的努力呢？其实，提升个人领导力的途径有很多，可以通过看书和学习理论课程来掌握领导力方面的"知识"，也可以通过观察和模仿来学习优秀领导者的"行为"，还可以通过观察生活或者广泛阅读来获得领导力方面的"感悟"，然而，通过在实践中承担复杂而有挑战性的领导任务来磨练自己的领导力，恐怕是最根本、也绕不开的途径了。当然，通过实践来学习提升领导力会需要较长的时间，而且也存在较大风险，比如许多人在任务失败时不仅会给企业造成重大损失，而且个人往往也会因此而失去自信，甚至从此一蹶不振。

笔者认为，在承担管理者角色之前，或者做过一段时间的管理者之后，如果能够花上三五天的时间，让自己有机会对过去的领导行为进行系统观察，有机会观察他人过去的领导行为，并在此基础上进行对比、总结和反省，那么，这对提升其领导力的帮助将会非常大。笔者所在的智鼎公司在用评价中心技术测量领导力的过程中，尝试将评价中心中的情景模拟技术用来发展领导力，并逐渐摸索出了一套行之有效的方法。这套方法我们称

之为体验式练习法，其核心就是通过在课堂上为学习者提供其对本人或他人过去的领导行为进行系统观察、对比、总结和反省的机会，使其在领导行为的系统展示、对比、讨论、演练过程中提升自身的领导力。

体验式练习是个系统化的过程，大致包括七个步骤，如图1所示。

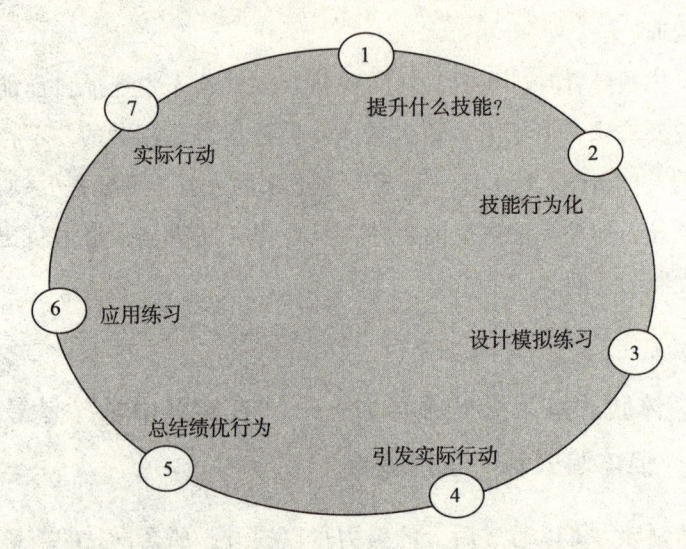

图1 体验式练习的七个步骤

第一步：确定需要提升什么技能

针对不同的对象和情景，领导力提升的内容（即具体的技能）是不同的。一般而言，管理层级不同，所需要的领导技能也会不同（见表1）。

表1 各层管理者通常需要重点提升的不同技能

高层管理者	中层管理者	基层管理者
系统思维	团队建设	绩效管理
设计才能	绩效管理	问题解决
授权与控制	影响他人	激励他人
变革管理	激励他人	沟通技能
影响力	时间管理	时间管理
商业意识	高效沟通	自我认知
自我认知	问题解决	
	自我认知	

体验式练习还注重对现实问题的解决。在课程实施之前，需要了解学员实际工作中遇到的难题，以这些问题作为切入点。其实，每一个管理问题的背后都代表着某些技能。比如，某单位的管理者普遍反应的棘手问题是：一些员工觉得晋升无望，对工作敷衍了事，怎么办？处理这个难题需要的是激励他人的技能，特别是激励那些年龄偏大的人的技能。于是，在体验式练习课程中，就要有针对性地对"激励他人"的技能进行设计和练习。

第二步：技能行为化

用体验式练习法提升领导力，首先要树立这样的理念："领导技能是可观察、可学到的'行为'"。管理大师明茨伯格早在1972年撰写的《经理工作的性质》一书中就提到：技能是一个比较具体化的概念，与个人的行为是直接联系的；所谓"技能"就是一种特定的行为，能够导致有效的工作；成功的经理应该在下列各方面表现出特殊的才能——在同级关系上能够协作，在对下级的关系上能够发挥领导作用，能够解决人与人之间及决策方面的纠纷，能够通过口头方式处理问题，能够做出错综复杂、相互联系的决定，能够分配资源（包括自己的时间）并进行革新。

明茨伯格的这种观点和当前流行的胜任力的概念几乎是一样的。胜任力强调行为化，也强调那些能够区分普通绩效和突出绩效的行为。

对核心领导技能进行行为化，需要通过观察和访谈技术。下面以"冲突解决"技能中的行为指标为例，来说明技能行为化的结果。在某下属认为自己遭受到不公平对待时，作为上级，在跟其谈话时应表现出如下行为（见表2）。

表2 "冲突解决"技能行为化（部分）

行为1	保持冷静
行为2	允许对方表达自己的怨气
行为3	倾听，收集信息
行为4	表达对下级的理解
行为5	必要时勇于道歉
行为6	坚持正确的观点，争取把问题解决

第三步：设计模拟练习

根据领导技能的特点，可以设计有针对性的情境模拟练习，而设计情境模拟的关键是写好"脚本"。比如针对"冲突解决"技能，可以设计"角色扮演"练习，这就需要至少撰写两个脚本，一个脚本是"表现一般"的管理者如何和下级谈话，另一个脚本则是"表现优秀"的管理者的谈话过程。

当然，根据领导技能的不同属性，还可设计其他形式的情境模拟练习，例如"无领导小组讨论"、"文件筐"、"案例分析"等。见表3。

表3　部分领导技能和情景模拟练习的对应关系

领导技能	情景模拟练习
授权与控制	文件筐
高效沟通	角色扮演
系统思维	案例分析
激励他人	角色扮演
影响力	无领导小组讨论、案例分析

第四步：引发实际行动

有了设计好的情景模拟练习，就可以请学员通过观看录像、亲自练习、团队讨论等方法体验具体化、行为化的领导技能。同时，培训师可以帮助学员对自己感受到的、观察到的行为进行梳理，形成概念。这个过程将严谨的概念性知识跟练习、应用可观察的行为结合起来，这种方法的理论支持就是美国当代著名心理学家班杜拉等人的"社会学习理论"。

社会学习理论强调，人们往往会通过观察和模仿周围有影响力的人的行为，来学习新的行为模式。其前提是，要使人们有机会观察他人的行为。而体验式练习，恰好提供了这样的可能性。模拟练习的目的就是引发行为。而此时，培训师还没有教授半点理论知识，学员的练习很可能就是实际工作中的行为再现。

还是以"冲突解决"技能的学习为例，我们可以先向学员播放录像。

第一段录像是"表现一般"的管理者与下级的谈话。请学员看完录像后，对该名管理者的表现进行评价，给出优、良、中、差评价等级，并说明这样评价的理由。

在个人评价结束后，再请学员进行分组讨论。团队成员经过讨论后给出小组的一致评价及理由。然后，请每个小组代表上台呈现。在讨论和呈现的现场，每个学员其实也是在向同组及他组的人学习。所以，小组讨论是改变学员行为的有效方法，在教学过程中扮演着重要的角色。

第五步：总结绩优行为

培训师通过倾听学员的发言，用学员的语言，而非准备好的语言来梳理，使大家的观点与思路系统化，并呈现给学员领导技能和行为指标是什么。这个过程是整个课程最为关键的环节，对培训师的要求非常之高。培训师要具备很强的倾听技能和概括技能，能够非常自然地将大家的行为进行系统化。

当然，也可以请学员根据自我总结和总结他人的行为，来进行梳理和提升，培训师只起辅助作用。在课程初期，培训师可多总结一些，而到了后期就可以学员为主进行总结。

第六步：应用练习

应用练习环节非常关键，是技能应用和巩固、强化的过程。所以，需要另行准备一些模拟练习，以增加应用的难度及学员参与的新鲜感。培训师对学员的模拟进行反馈性点评，并示范给学员看"标准"的行为。

千万要注意的是，不要企图向学员通过这种方式一次传授非常复杂的技能，或者说包含复杂成分的行为。这和动作技能的学习有些类似。比方说，职业的高尔夫教练不会一次把所有的动作要领都教给你，而是一次只指点一个动作，巩固后再学习新的动作。

第七步：实际行动

课堂上的学习毕竟是一个特殊的环境，距离真正的应用还有一定的距离。因此，在课堂学习结束之后，学员可以制订个人的行动学习计划，在实际工作中将课堂所学应用起来。经过一段时间的实践之后，学员再来分享经验，完成另一个循环提升的过程。实践行动并不容易做好，需要组织的大力支持。可以请领导力顾问参与辅导，也可以由"内部导师"履行此项职能。

体验式练习虽然有效，但需要强调的是，这种方式实施难度较大，一是前期开发工作比较复杂；二是对培训师要求很高，虽然培训师不是主角，但体验式练习对其课堂掌控、总结梳理技能的要求很高，非普通讲师能够胜任。

边训边测，一箭双雕

上述体验式练习的过程其实也可用来观察和评价学员的领导潜能，我们称之为"边训边测"。主要的评测点在以下两个方面：其一，学员在学习过程中的大量实际练习工作，如录像评价、小组讨论、案例分析、文件处理等等，都会是评价其领导潜能的重要信息。其二，可以观察学员掌握新技能的速度和质量，也就是学习能力。

在培训结束后，可以对这些信息进行专家讨论，分析每位管理者核心领导技能的水平和成长潜力，并可以形成总体和个人的潜能分析报告，供组织使用和培养管理者参考。另外，也可以将这些测量结果，请课堂上的专业评价者向学员个人进行反馈，帮其认清自己的优势和不足，制定未来的发展规划及策略。在向学员个人反馈的过程中，可以利用课堂练习、课堂讨论中的录像等资料，和学员个人一同分析，这将更具有说服力和实际效果。由此看来，情景模拟法的用途可以拓展开来，发挥其发展人和评价人的双重功能。

现实中，很多企业对核心领导技能的重要性认识还很不够，很多管理者甚至连最基本的"目标制定SMART"原则都没有真正掌握并使用得当。所以，领导力的提升到了非抓不可的地步了。相信体验式练习法将会助你一臂之力。

刊发于《HR经理人》，2009年5月

领导力发展是个系统工程

于学友 / 文

王总任某企业人力资源部的老总已经两年了，每年他都会派一批后备人才去参加知名的培训，接受著名的专家、学者的"传道、授业、解惑"。此外，还组织他们去先进企业进行实地考察，"取经寻宝"，以此来提升他们的领导能力与管理水平。如今，部分参加过培训与考察的后备人才已经走上了管理岗位，可是上任没多久，有许多员工就反映这些继任者在工作中缺乏规划、内部的沟通欠缺等问题。"都让他们去参加培训与考察学习了，怎么还会这样呢？"王总心里纳闷着，琢磨不透这其中的原因。

分析上述问题，我们可以发现王总通过送一茬茬的后备人才接受培训与学习来提升他们的领导力，以培养企业各管理职位的继任者。他之前并没有真正根据企业发展战略规划与实际情况制定人才发展规划，开发企业领导力发展模型；也没有运用科学方法与手段进行评估，根据实际需求制定领导力提升计划并付诸实施。这样出现上述问题也就不足为奇了。

其实，领导力发展是个系统工程，不能头痛医头，脚痛医脚。我们要从系统的角度来考量领导力发展。对全球领先企业以及我们既往的咨询实践进行系统的总结和梳理，我们认为，一个科学的组织领导力发展体系的建设应符合如下过程（见图1）：

- Construct：建立企业各层次领导力模型以及全员核心胜任力模型
- Assess：根据所建立的模型对企业人才的当前领导力水平进行评估
- Plan：根据评估结果，制定针对性的领导力发展规划以及各种提升计划

- Implement：将这些规划、计划与策略付诸实施
- Situation：过程中，需要塑造支持领导力发展的氛围，即组织情境

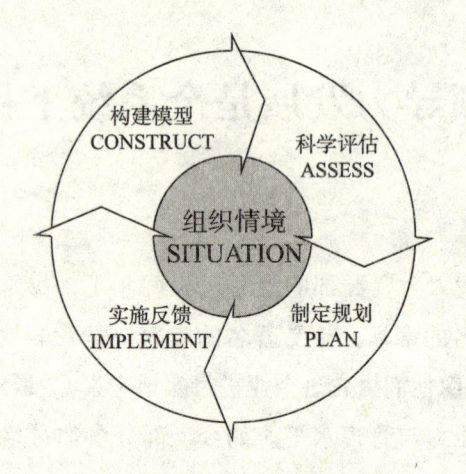

图1 领导力发展的组织结构图

我们可以通过一些具体的例子来看看组织基于 CAPIS 模型的领导力发展体系是如何一步步地搭建起来的。

构建领导力发展模型

领导力发展首先要构建发展模型，模型是领导力发展的依据与标准。企业要针对自己企业的具体情况进行分析，结合企业发展愿景、战略规划与当前实际，构建自己的领导力发展模型。企业类型的不同、发展阶段的不同、所处环境的不同等，都会导致企业领导力发展模型的不同。企业要紧密结合发展战略对人才发展的要求，深入剖析自身所需领导力的核心要素，也可以借助外部第三方的力量，对领导力发展进行高度抽象、概括，形成自身的领导力发展模型，并对模型的要素进行详细的阐述与解释，这其中包括对各维度（包括子维度）的解释、典型行为指标的描述、发展建议的提出等。著名的 GE 公司就是这方面的典范，其领导力模型是 4E+1P，如图2所示。

人才培养篇

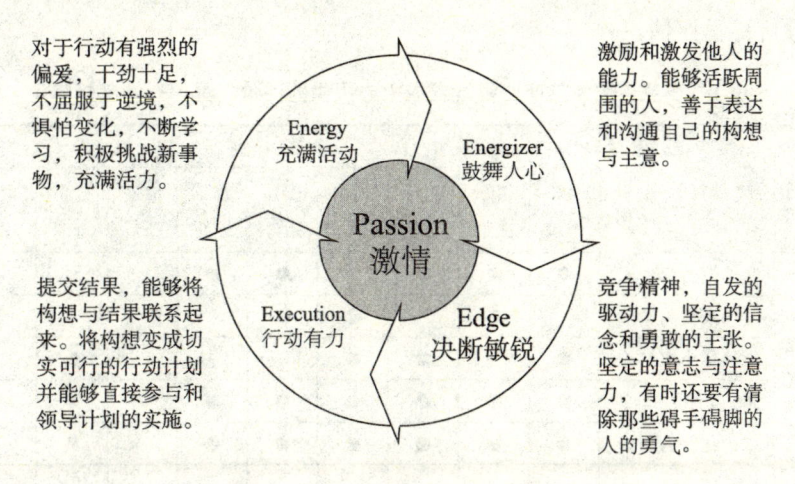

图2 GE公司领导力发展模型

对于行动有强烈的偏爱，干劲十足，不屈服于逆境，不惧怕变化，不断学习，积极挑战新事物，充满活力。

激励和激发他人的能力。能够活跃周围的人，善于表达和沟通自己的构想与主意。

提交结果，能够将构想与结果联系起来。将构想变成切实可行的行动计划并能够直接参与和领导计划的实施。

竞争精神，自发的驱动力、坚定的信念和勇敢的主张。坚定的意志与注意力，有时还要有清除那些碍手碍脚的人的勇气。

Energy 充满活动
Energizer 鼓舞人心
Passion 激情
Execution 行动有力
Edge 决断敏锐

根据模型进行科学评估

整合多种高效度的评价手段和诊断工具，形成领导力发展中心。目前国外如微软、诺基亚，国内如中粮、宝钢等大企业都建立了自己的领导力发展中心。在我们为多家大型企业提供领导力发展中心建设咨询过程中，越来越感到一个好的领导力发展中心体系的建设，是一个持续投入、一点马虎眼都不能打的过程。这个过程的产出是立足于未来的，往往一个企业愿意更多地"投资于人"，在未来凸现的收益就越大。GE 通过"克劳顿村"，历经 50 年从上万名管理者中选出杰夫·伊梅尔特带领 GE 成功转型，并规避了导致国际企业纷纷落马的金融危机大潮。这样的例子无疑是"竞争优势源自投资于人"的最好注解。因此，企业要建立一个能够基于未来战略、环境变化和实际工作情景的领导力发展中心，并大量地使用评价和反馈相结合的形式，运用多种有效的策略对参与者进行评估、反馈与指导，使参与者也分享资料、信息与想法，才能真正实现领导力的提升与发展。

在为多家企业提供领导力发展咨询过程中，我们根据企业不同层级领导力发展的不同需求分别建立领导力发展模型，形成基于领导力发展的评价工具——维度矩阵（如表1所示），有针对性地选取不同的评价工具进行科学评估。

表1 智鼎咨询为某商业银行发展中心提供的评价工具——维度矩阵

级别	评价工具	胜任力维度								
		战略思维	组织决策	危机处理	影响沟通	领导指挥	改革创新	推进执行	开拓进取	团队管理
高级	文件筐	●	●	●		●	●			
	领导风格测验		●		●	●				
	无领导小组讨论	●							●	
	360度评估	●	●	●	●	●	●		●	
	结构化行为面谈	●	●	●	●	●	●			
	……									
中级	案例分析		●							
	管理情境模拟			●	●			●	●	●
	角色扮演				●	●				●
	360度评估		●	●	●	●	●	●	●	●
	结构化行为面谈		●	●	●	●	●	●	●	●
	……									
初级	……									

制定具体发展规划

企业的领导力发展规划往往包括领导力发展手册编制、人才梯队培养、后备人才库建设、领导力培训计划等不同的方面。个人的领导力提升计划是针对个人量身定制的，根据个人的优势与短板明确个人需要提升的具体能力、能力提升的途径与需求等。

在制定企业的领导力发展规划时，要特别注意把领导力发展规划与实际工作结合起来，在实际工作中实现领导力的发展，并将领导力发展成果运用到实际工作中，避免出现把二者割裂开来的"两张皮"现象。因为领导力的发展是为了更好地促进实际工作，如果领导力的发展是为了发展而发展，没有促进甚至阻碍了企业的发展，那么这样的领导力发展规划也就毫无裨益。

人才培养篇

国外那些基业长青的企业为我们提供了良好的范例，他们都根据自身战略发展需要制定了企业领导力发展计划，以此提升管理者的领导力。见图3。

IBM的长板凳计划	西门子的EFA谈话	GE的高管继任计划
"长板凳"计划是指现有管理者必须确定，自己的岗位在未来1~2年由谁来接任；此项计划已实施20多年，主管以上职位都在此列，培养人才已成为上司业绩考核的重要指标；发现"明日之星"，量身制定培养计划。	EFA即"开发，促进，承认"，实施对象是年薪制高管，由高管、上司、主持人三方参加，每年一次；帮其发现自己的优势和劣势，分析现状，明确自己的目标和培训需求；谈话结果作为以后培训、晋升、调动的重要参考。	杰克·韦尔奇的前任雷吉·琼斯用了7年时间，从96位候选者之中挑选出继任者杰克·韦尔奇；杰克·韦尔奇本人则用了5年时间从24位候选者当中选择了伊梅尔特做下任CEO。

图3 国外著名企业的领导力发展计划

在为国内企业提供领导力发展咨询过程中，我们也结合企业实际需要为其量身定做领导力发展计划，以帮助企业实现各级管理者的领导力发展。下面是我们为某国有商业银行二级分行中层管理者开发的领导力提升规划（节选）：

- 进行专门定做的高效沟通、激励他人、自我认知等模块的培训
- 开展行动学习，将培训内容与实际工作结合，解决实际工作中的问题
- 定期组织内部的交流与研讨，轮流发言，切磋行动学习中的收获，也可以利用网络，建立网上交流的平台
- 通过轮岗、挂职锻炼等方式接受新岗位的历练
- 建立与上级的沟通机制，定期与上级交流思想
- 配备个人发展的导师，制定个人行动计划，针对性地实行一对一指导
- 请第三方定期进行评估，对参与者进行反馈，并及时修正提升

方案
……

付诸实践并及时进行反馈

实现领导力的发展,需要真正与实际工作结合起来,最终目的是实现企业业绩的提升与利润的增长。在实施过程中,可能会遇到一些之前没有估计到的问题,那么就需要充分考虑这些意料之外的情况,根据情况的变化及时进行调整,修正之前的规划、计划中的不妥之处,以保证规划、计划能够结合实际顺利实施下去。

根据实际需要的不同,实施的具体方法与策略也各不相同。比较有效的领导力提升策略包括团队培训、一对一指导、挂职锻炼、行动学习、考察体验等。见图4。

团队培训	一对一指导	挂职锻炼	行动学习	考察体验
确定培训的模块,聘请内外部专家、学者进行集中的培训,从整体上进行提升	为参与者指定专门的内外部导师,一对一地进行辅导与反馈,有针对性提升领导力	通过在相应的职位进行挂职的形式,使其经受相应的历练,锻炼其领导力	在实际团队或项目操作过程中接受锻炼,打破传统授课方式的局限,在实际中提升	到标杆企业考察与体验,学习先进的管理理念与方法,提升对领导认识与理解

图4 领导力提升的有效策略

在运用不同的策略提升领导力过程中,可能会受到一些外部因素的影响,或者由于外围环境的变化与企业战略的调整,出现制定的计划不太符合实际的情况。这就需要根据具体情况进行具体分析,及时调整以"与时俱进"。比如在金融危机后,有的企业调整了自身的领导力发展计划,将危机处理与应对作为领导力发展的一个重要维度,加强这个模块的培训,提升管理者危机管理的水平,考察管理者在面对危机的情况下能否重塑发展的信心,带领企业走出困境,这样领导力发展也就能够真正契合企业实际的发展情况。

■ 人才培养篇

塑造支持发展的组织情境

研究表明，80%的领导力体系建设或组织变革失败都是由于决策层缺少足够的组织氛围和舆论营造，缺乏必要的组织情境的支持。因此，要真正实现领导力的发展，重中之重是需要塑造支持领导力发展的组织情境。这种组织情境贯穿领导力发展的各个环节，不论是构建模型、科学评估，还是制定规划、实施反馈，都需要在一种支持的组织情境中进行，这样每个环节的工作才能真正落到实处。具体而言，这种组织情境应该包括如下方面：

- 决策层明确领导力发展的目标，清楚领导力发展的各个环节
- 在企业内部宣讲领导力发展规划与目标，做好发动与动员工作
- 决策层对发展规划的实施进行充分的授权，并对过程给予鼎力支持与全程关注
- 建立与完善必要的各项规章制度，以确保规划有章可依，有规可循
- 让员工明白领导力发展计划的意义，在日常工作中配合做好辅助工作
- 定期对领导力发展规划实施进行反馈与激励，形成良性透明的机制

把领导力发展置于宏观的框架范围内，可以发现领导力发展是一个系统工程，不是"上好一堂培训课"、"选出两个好干部"那么简单。企业要决胜未来，从现在起，决策层应该学会用系统工程的观点来看待领导力发展。当然，在咨询的过程中，我们也看到越来越多的企业认识到领导力发展的重要性，纷纷推出了自己的领导力发展规划、计划、方案等等，但如何能够克服吃到"热粥"之前的"心急"，做到科学规划、平心而为并持之以恒，是我们每一位在当前浮躁社会环境下都需要修炼的心态。

刊发于《HR 经理人》，2011 年 5 月

PDECC——反馈的艺术

王 鹏/文

为什么有些沟通反馈能使我们感觉"醍醐灌顶",使自己信心高涨,敢于承担各项挑战;有些沟通反馈能使我们感到"如沐春风",使自己不断积累沉淀获得长足进展;而有些沟通反馈则会使我们感到"挫败沮丧",使自己心态失衡,各种工作错误接踵而来?

反馈不同于指责、批评,反馈应该是"就事论事",要协助被反馈人找出成长及发展的办法,帮助他人改进问题。

"三明治式反馈"方法是笔者过去比较推崇的一种反馈方式,因为这种方法能够在表扬、鼓励的氛围中促进员工成长。这种反馈是,无论员工犯了什么错误,反馈时都需分成三段:第一段是如沐春风地赞美,第二段是温柔一刀地批评,第三段是和风细雨地鼓励。例如:员工 A 在某项工作上很拖沓,"你提交的项目计划在各个环节安排做得很精准,但如果你能在落实方面再加把劲,应该会有更高的工作效率。你看原本上周五给我的报告到今天还没有交上来。可能是其他项目耽搁了你的进程,但我相信你的执行能力,一定能在明天上午发到我邮箱。"员工 A 不断点头会意,并强调明天上午发给我。然而实际上员工 A 认为这个项目报告区别于以往的报告,自己很难独立完成任务,他私下埋怨我没有给出建设性的意见,所以在周三时依旧没有发给我。

原来认为"三明治式反馈"看似批评人而实际没有得罪人,能够很好地拉近人与人之间的关系,使他人在鼓励的氛围中促进成长。但最近几次的沟通反馈没有达到想要的效果,究其原因,一方面可能是"两层厚厚"的表扬可能让被反馈人忽略掉了"那一层薄薄"的批评,另一方面是整个过程没有听到他在工作中遇到的问题。然而,怎么样才能做到让他人觉得你确实为他的成长提供了有效的建议?

笔者通过大量的实践和摸索,发现了实现有效反馈的模型 PDECC:即 Promptly(择机而非延迟),Description(陈述而非批评),Exploration(探讨而非说教),Concentrate(聚焦而非泛指),Continual(持续而非放手。如图 1 所示。

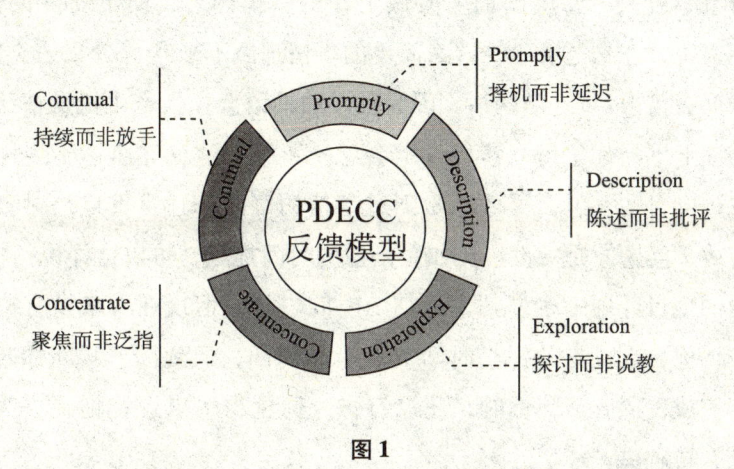

图 1

> Promptly(择机而非延迟),你是否想过应该第一时间给予反馈但又怕破坏关系而欲言又止?

反馈要择机,就是要在恰当的时机给出反馈。为什么不在第一时间反馈呢?是考虑到被反馈人的接受程度和时机,若他心情糟糕或者忙得不可开交,这时反馈可能容易激发矛盾,但可以表扬一些他做得好的地方,以示鼓励。此外,还要避免让他在同事面前颜面扫地,否则,你的反馈不仅毫无效果,还可能使他感到在同事面前下不了台,好似奇耻大辱。如果延迟很长时间再提供反馈,他可能会认为没有做错什么,或这件事情并不重要,因为你过了很久之后才给出评判,所以要在恰当时机及时反馈。就比如上述的例子,本来周五没有提交结果,就需要当天择机反馈,而不是等到下周二时才反馈。

> Description（陈述而非批评）：你是否认为他的工作离你的预期还有很大的差距，不骂他就已经不错了，还怎么跟他心平气和地陈述这个事实？

对事不对人，要反馈别人所做工作的具体内容，而不要批评他人，千万不要说"怎么这么笨，这么简单的事情都做不来？""怎么这么粗心，犯这种低级错误？"之类的话，因为批评的词语会让人产生抵触情绪，即使他表面上不与你争辩，背后肯定会忿忿不平，这就完全达不到你希望对方改进的目的。怎么样才能做到对事情的客观陈述？重点是对事不对人，解决了问题才是关键。比如对于他的时间拖延，可以这样说："之前你制定的项目计划书中提到了详细的时间安排，但现在看来没有按照计划落实，你自己设定的提交时间节点是本周四，但到周三我问你时，你还没有完成，周五又问你时，还没有做，你觉得可以这样拖下去吗？你打算怎么样解决？"

> Exploration（探讨而非说教）：你是否认为我直接告知他做事的方法，让他去实践就可以了？

看看下面这段对话：

"现在看你在并行处理两个项目时有些兼顾不过来，想过怎么样提高吗？"

"我也想去承担两个项目，但目前看我确实没办法兼顾，可能能力上还需要加强。"

"比如，哪方面能力呢？"

"时间规划上吧，总感觉两个项目并行时，自己就抓不到事情的关键要点。"

"你与这两个项目的项目经理了解过整体时间进度和规划吗？"

"没有，我都是被领导的，都是项目经理告诉我做什么事，什么时间提交。"

"为什么不试着去主动了解整体进度，知道自己在哪个环节上需要参与，并在什么时间节点来完成相应任务，进而主动来规划自己的时间呢？"

"自己的事情本来就多得不行，都是被动做事，哪里有时间去了解这些规划的事情？"

"其实也就匀出10分钟的时间去了解一下，尝试一下。"

"嗯，确实，不耽误多长时间，我这就尝试一下。"

反馈是一个双向沟通的过程，若我们的反馈内容没有真正打动他，他也许会保持沉默，这样可能会演变成你说得自如畅快，而他却无动于衷。反馈的最终目的是使个人获得成长，这需要循循善诱地引导他从自身找到解决问题的办法，而不是你直接告诉他，这个探讨出来的办法可能能够解决他的问题，也可能解决不了，需要他在实践中去验证、归纳、总结。

> Concentrate（聚焦而非泛指），你是否觉得他自身"问题一箩筐"，我有很多的改进良方给他反馈，能帮助他加快成长？

过去，笔者也是想一股脑儿地把要反馈的都反馈，但实际的结果是，有些反馈对象脸都绿了。反馈应聚焦于具体某项需要改进的方面，而非全部提出建议。最好一次只解决一个问题。一次提出超过一个问题，会使对方不堪重负，带来负面影响。同时，冰冻三尺非一日之寒，问题或者某项不良行为的形成，也是长期积累的结果，那么在短时间内，一次最好针对某个关键问题进行改进，以此增强改进效果。

> Continual（持续而非放手），你是否觉得一旦自己与他明确了问题所在，并确认了下一步的行动计划，工作就算完成了？

事实并非如此，从某种程度上说，工作才刚刚开始。你需要确保他的行为或表现不断得以改进。了解和改变之间还有很大的距离，他要实现飞跃，需要管理者的不断支持。因此，后续跟进至关重要，要使反馈常态化，经常问问他："你目前有什么困惑，怎么去尝试解决的？"

　　沟通反馈是一门艺术，它在生活、工作和管理中几乎无处不在，要想精通反馈之道，就需要利用 PDECC 的沟通反馈模式在实践中不断地提升。

刊发于《中国培训》，2013 年 12 月

■ 人才培养篇

新晋管理者，如何让员工懂你所需

张 丽/文

秋日的北京，周末下午，难得一见的蓝天白云，还有王奔。王奔是笔者的同窗好友，毕业后进了一家民营企业，典型的"工作狂"，刚刚30出头就已升任公司销售部总经理。但此次见面，王奔却愁眉紧锁：

王奔所在的公司，销售部有三十几位员工，创造公司80%的收入。董事长对他很是器重。大家平日里都以"师傅"相称，但这种情况正悄然改变：称呼逐渐变成了"王总"，部门例会没有以往轻松的氛围，部门销售精英李达变得少言寡语，他所带领的团队业绩也有明显下滑。

董事长叮嘱王奔切记销售目标，同时透露李达带领的五人营销团队最近和几家猎头接触频繁，希望王奔能够摸摸李达的想法，尽力留人。

然而，王奔与李达的谈话却并不顺利。整个谈话过程中，李达只是礼貌的回应，并没有表现出应有的情感回应……

面对下属莫名的疏远，王奔非常苦闷，一方面迫于销售指标压力，一方面碍于面子，王奔只能求助于外部力量。于是，笔者对王奔的下属进行了简单的了解。

（以下是李达回到公司后，和自己团队成员的谈话）

团队成员A：和王总的下午茶喝的可好，怎么这么快就回来了？

李达：跟我忆苦思甜来着，说的好像我们做成的业绩都是他的功劳。咱们一二季度连着拿下了五家大客户，熬夜通宵都是常事儿，累得我请了一天假，正好那天咱们营销的一个大客户临时讲标，结果他就让另一个团队主管关浩代我去了，后来项目拿下了根本没咱们团队的事儿，问他原因，他说关浩团队比较弱，要我有大局意识，从公司角度考虑问题。哎，当时我就憋了一口气，只顾到另一个团队的士气，那我们团队怎么办?

团队成员 B：我觉得他是想"新官上任三把火"，但也要考虑实际情况征求大家意见嘛！每次找他谈话，总是电话不断，还老是要求我们晚上或周末加班，其他团队都对他有抱怨。以前觉得王总挺能干，现在他干的这些事儿怎么就这么匪夷所思呢?

李达：是啊，这次找我谈话估计是听到咱们要离职的风声了，上次猎头推荐的几家大企业都不错，咱们大伙儿也还能在一起干，所以要早点决定去哪家，咱们晚上去我家聚个餐，顺带讨论一下这个事儿。

……

通过一系列的调研后，笔者进行了归纳，应该是王奔的行为和做法导致了员工对他信任的瓦解，比如：

- 无法控制自我优越感，让下属体验不到自身价值。
- 远近亲疏区别对待，制造不公平的竞争氛围，引起员工不满。
- 与下属沟通时缺乏专注和谦和，不能了解下属的状态和真实需求。
- 盲目推行自己的想法，要求下属服从，对员工的想法和感受缺乏兼顾。
- 针对营销人员，缺乏专业人力资源管理方法和工具运用，业绩提升困难。

以上这些行为，笔者也同时询问了王奔这么做的想法，以下是王奔的自述：

在和员工谈话时接的电话基本都是客户，客户是上帝，再说我在接电话的同时也在听他讲啊；给关浩团队机会的事情确实是自己决定的，因为李达团队平时业绩好项目多，关浩团队新人多项目少，需要让各团队的能力均衡发展，才能增强大家的自信心，提升整个部门业绩；作为销售熬夜加班是正常的，白天在营销客户，文案工作必须要放在晚上或周末……

笔者意识到，作为新晋的年轻管理者，王奔犯了一个很大的错误：没有让员工懂其所需。在此基础上，王奔的行为悄然之间就瓦解了下属对他的信任。

那作为新晋管理者王奔,该如何让员工"懂你所需"呢?基于智鼎公司多年积累的经验,我们为王奔提出了以下改进措施,并提出了个人行动计划(见表1)。

表1

优先发展事项	行动分解	资源与支持	评估时间
自我管理	(1)面对现实	销售部同事	9月30日
	(2)勇于承担责任		
	(3)重新定位发展预期	董事长指导	10月7日
工作环境管理	(1)真诚地交流	销售部同事	11月8日
	(2)多听说少		
	(3)尊重个人时间		
	(4)梳理部门人脉关系	董事长指导	9月30日
	(5)制定留人策略及人才培养计划		
管理工具使用	(1)制定绩效周期并设定预期	董事长指导	12月6日
	(2)树立明确、可衡量且实际可行的目标		
	(3)进行不间断的信息反馈	销售部同事	明年1月
	(4)让员工进行自我绩效评估		
	(5)为员工设置个人发展计划		10月7日

首先,自身的行为要始终如一,言行一致。深度的信任是通过在一段时间内表现出相对稳定的行为举止而获得的。王奔可以采取以下措施:

- 面对现实。对于"大家不信任我"这一情况要坦然面对,并采取必要的补救措施。
- 勇于承担责任。对自己的错误能够用"我"这一人称承认,并且不会归因于客观环境或者任何可能的第三方。员工并没有期望王奔是完美无缺的,但他们却希望管理者能承认自己的错误,就像管理者对他们的期望一样。澄清事实并心怀愧疚地道歉,这个方法会让大家都有所进步。
- 重新定位发展预期,并让大家准确了解接下来你将要做什么。征求大家意见,并且信守做出的约定。在一个公司组织中,大家是利益共享的关系,这是大家都关心的,管理者必须让大家了解并参与到其中，才能在日后政策执行中确保切实落地。

其次，要建立让人感觉受尊重的职场环境。对于类似王奔的情景，可以从以下几个方面入手：

- 真诚的交流。沟通中要提出双方都关注的问题，而不是基于你个人意愿想说的"场面话"——比如王奔说让李达"要有大局意识"；另外，真诚还体现在很多细节之中，比如王奔与员工沟通时还可以和客户打电话，事实上在任务繁杂时很难与员工进行真正的交流，更谈不上真诚。
- 多听少说。无论是在正式会议场合还是与员工私下交流，一定要等到对方说完再插话。如果迫不得已必须要中断，要采用委婉的表达方式。一些员工在你面前"诉苦"时，不要立即给出你"高深的"建议，可能他想要的只是表达出自己的看法让你知道。
- 尊重个人时间。王奔是工作狂，也没有家庭责任，但这并不意味着所有的员工都同他一样。除非是紧急情况，尽量避免让大家工作到深夜或者周末也要加班。
- 梳理部门人脉关系。任何组织都存在非正式网络，这些网络与员工满意度、幸福感和组织忠诚度之间存在紧密联系。类似李达这类员工，在部门内有强大的人脉关系，一旦离去，对组织来说会造成较大损失。通过组织人脉关系网络梳理，可以帮助王奔直观地了解和认识非正式网络中促进或妨碍正常工作进程的各种关系，并采取有效的干预措施，保证组织损失降到最低。
- 制定留人策略及人才培养计划。销售人员的流动频繁在业界比较常见，但通过梳理组织人脉关系网络，可以采取为骨干员工改进职业规划路径、提前制定继任计划等方式留住他们。当然，王奔也需要提前规划一旦李达团队流失可能造成的冲击。一方面做好新任的招聘，另一方面要加强团队高潜人才的培养。

第三，对员工进行绩效管理。从王奔的案例中，可以明显感觉员工绩效需要提升，但是绩效提升的过程往往都是不愉快的。管理绩效任务是极其艰巨的，实际处理过程可能困难重重，在运用过程中，可以将这项大工程分解为多个易于处理的小任务，从以下方面着手：
- 制定绩效管理周期并设定预期。需要熟悉员工职位详细且明确的工作职责，并且需要对部门员工优劣势及职业发展愿景进行面对面沟通。
- 树立明确、可衡量且实际可行的目标。设立过程中让员工参与进来，并与员工讨论"我真的可以完成该项目标吗"。
- 进行不间断的信息反馈。类似案例中李达后期的消极怠工，很大一部分原因就是前期的工作没有得到有效的反馈。
- 让员工进行自我绩效评估，避免出现信息断层。若员工自我评估的结果与他平时的绩效并不相符，那你就要问自己以下问题：
  - 在表述我的期望时说的足够明确吗？
  - 我的期望值是否发生了改变，但没有告知员工？
  - 我经常给员工提供反馈信息吗？
  - 我做过可能导致信息断层的事吗？

  若员工的自我认知确实存在偏差，还可以采用同级评价、下属评价及外部咨询顾问反馈等方式，来帮助员工改善自我认知。
- 为员工设置个人发展计划（Individual Development Program，IDP）。IDP 是将"正确自我认知"转化为行为改变的有效工具，通过为员工量身定制学习发展计划，能让员工清晰地看到自我改进方向，提升对组织的信任感。

作为新晋管理者的王奔，目前已经在践行以上几点建议。最近听说在他承认自己的错误之后，李达主动找他沟通了。

对任何一位新晋管理者来说，让员工"懂你所需"的过程，其实是一个建立信任的过程。而且这是一门可以学会的技能，完全值得投入精力和时间，因为几年之后它会对你有丰厚的回报。

刊发于《中国培训》，2014 年 7 月

让"80后"与企业志趣相投

于学友 / 文

在很多服务行业及高科技企业里,"80后"员工已成公司人力资源的主流,他们在给企业带来活力和创新精神的同时,也因为某些方面的趣味不投而带来了一些管理的烦恼……

随着市场经济的发展以及西方文化的逐渐深入,作为我国年轻一代的"80后"所接受的教育以及由此形成的人生观、价值观都发生了很大变化。如今,多数的"80后"甚至有些"90后"都已进入职场,这就给用人单位尤其是企业的人力资源管理带来了很大的挑战。如何对这一代年轻的员工进行价值观管理,使他们的价值观念契合企业发展的要求已成为摆在企业人力资源管理者面前的现实问题。

"80后",让人欢喜让人忧

为"80后"员工画像

"80后"员工诞生在改革开放时期,在他们逐渐长大的这段期间,中国社会发生了翻天覆地的变化:市场经济逐步建立并完善,科学技术迅猛发展,网络信息技术高度发达,全球化进程进一步加快。在此环境下成长起来的"80后"也形成了独具特色的价值观与个性特点。一方面,他们重视个体意识,自尊心强,追求自我价值的实现。"80后"员工的学习能力强,对信息、知识尤其是新技术、新科技的吸收比较快。他们乐于学习最新的技术,持续不断地进行创新。尤其是在刚刚进入职场时,他们怀着满腔的抱负，工作干劲十足，办事效率很高。他们喜欢有创造性地进行工作，希望通过创新找到更好的解决方案。同时，他们兴趣广泛，喜欢接受挑战，敢于尝试新事物，即使不一定能够成功，他们仍然愿意进行尝试。

另一方面，由于"80后"多数是独生子女，受到了父母家人的百般呵护与关爱，其成长环境大都一帆风顺，因此在面对困难与挫折以及复杂的社会问题时往往不知所措，承受压力的能力不强，遇到困难时很容易产生挫折感，缺乏吃苦耐劳的精神。他们崇尚自由，强调以自我为中心，追求工作的舒适度和满意度，追求自身利益的获得，也强烈渴望得到别人的认同。当得不到组织的认可时，他们往往会变得比较敏感，主要表现为做事容易冲动、过于计较个人得失、一挨领导批评就容易辞职、缺乏持久的耐性等。

"80后"员工麻烦有几多

时代赋予"80后"员工的这些人格特点对企业人力资源管理带来的有机遇也有挑战。他们工作热情高，提升了企业的活力，他们喜欢在工作中不断进行创新，也为企业的发展做出了特殊贡献。但是，他们也使企业管理面临着诸多障碍与困惑，主要表现为以下几个方面：

第一，团队管理难度加大。团队建设、学习型组织等理论在企业界的广泛应用，在实践上证明了通过对团队进行科学有效的管理确实可以提高组织绩效。但是当"80后"员工加入到组织中时，团队管理的顺畅性就遭遇了严重的挑战。由于"80后"员工大多以自我为中心，个性十足，因此在工作中往往我行我素，缺乏团队合作精神，不能很好地与团队中的其他成员进行沟通与合作，这些都加大了企业团队管理的难度。

第二，离职现象严重。"80后"员工的价值观往往具有一定的理想主义色彩，职场的现实往往与他们的理想期望有较大偏差，这会让他们产生强烈的失落感，对企业没有归属感，进而产生职场疑惑。如果调整不好，他们往往就难以固守传统职业道德，出现离职现象。许多"80后"

在进入职场后，一旦遭遇不顺心的事或发现所从事的职业自己并不喜欢，就会迅速跳槽，有些人甚至一年可以换三四家单位。

第三，组织稳定与员工士气受到影响。员工士气是企业人力资源管理中的一个重要指标，是指员工愿意努力工作的愿望强度和工作积极负责、勇于创新以及团结合作的态度。良好的士气是企业正常运转的基本前提，也是发挥全体人员工作创造性的基本条件，更影响到组织绩效的高低。"80后"员工一旦出现频繁的缺勤、离职等现象，必然会影响到身边的同事，破坏原本稳定和谐的组织气氛，影响到整体员工的士气，进而影响到企业的组织绩效。

传统结合现代，引导"80后"健康成长

我国传统文化强调个人道德修养的提升，重视发挥集体主义的作用，其中尤以儒家为代表。儒家文化认为获得人生成功的最根本方法就是提高道德修养。从孔子提出"立德、立行、立言"开始，其后的儒家学者推崇先修身，后齐家、治国、平天下。同时，儒家文化以维护稳定和群体协调为宗旨，认为个人从道德修养到社会价值实现的过程，也就是"修身、齐家、治国、平天下"的过程，其中"修身"是根本，它是个人的自我塑造与自我完善，而"齐家、治国、平天下"则是个人价值在群体与社会的延伸。

而"80后"的这一代，更多地受到了西方"自由、平等、开放"思维的影响，再加上中国应试教育的诸多弊病，可以说这一代人在中国传统文化的教育方面存在某种程度的缺失。他们大多心态浮躁，缺乏责任心和独立性，既缺乏上一代人辛苦打拼的经历，也很难在社会文化中形成正确的价值观。

因此，面对"80后"员工给企业带来的种种麻烦，若将传统文化的精髓与西方文明相结合，则可以引导他们在个人修为、团队精神、抗压力、责任感等方面逐步完善，以更加符合企业发展的需求及公司在组织文化层面的追求。具体来说，可以从以下几方面入手。

以"礼"规范"80后"的外在伦理

"礼"是儒家道德思想的基本范畴,泛指各类典章制度和道德规范。"礼"是外在的道德规范和伦理行为,它起到调节人际关系,达到社会和谐安宁的作用,在现代文明社会里同样具有广阔而丰富的内涵。"80后"作为企业的成员与现代社会中的个人,必须遵循社会的一些公共准则,必须遵守必要的礼仪规范,树立良好的外在价值标准。因此,尽管大部分应届大学毕业生在学校都已经接受过军训,但很多企业在对他们的入职培训中,仍然非常强调军训的作用,有的军训期甚至会长达一个月,这就是在培养他们服从规则与管理秩序,并逐渐形成日常的行为习惯。

其实,"80后"并非天生无组织无纪律的人,只是在他们大部分人的成长过程中,规则、纪律与礼貌都被溺爱与放纵所取代,只要在工作适当地加以引导和约束,明确告诉他们规则、标准与规范,他们还是比较容易被塑造成企业所需要的人的。所以,在这一点上,企业这所社会大学可以说责无旁贷。

以"仁"提升"80后"的内在道德

儒家思想的另一个基本观点是"仁"。"仁"的本义是友爱、互助、同情之意,是内在的道德感情和伦理思想,是人之所以为人的根本。对于"80后"的员工来说,他们首要学习的就是如何去"爱别人"和"包容人",即一种博大的同情心和感恩意识。

很多知名的企业会经常组织一些关爱社会、关爱环境的公益活动,在为失学儿童捐书捐物,在帮残疾朋友处理生活琐事,在为青山绿地清洁白色垃圾等等诸如此类的活动中,"80"后们充分地体味到了"仁"的深刻内涵,进而将这种高尚的道德情感转移到工作中,转移到与同事的协作中,转移到对客户的关爱中。

当然,社会公益不在出钱多少,重在亲身参与,重在上行下效,一个组织只要自上而下用自己的实际行动营建起这样一种"爱人"、"包容人"的氛围,相信"80后"内在道德标准的提升,将是自然而然的事情。

以"和"促进"80后"的团队合作

儒家文化主张"和",即以和为贵,提出了一系列旨在实现人际和谐与社会和谐的道德原则,把构建和睦、和谐的人际关系与社会关系,作为人格修养的重要方面,作为社会协调的价值尺度。同样,我们亦可以认为"和"还包括团队建设、团队合作等方面。现代社会是一个竞合的社会,只有那些善于与人合作的企业才会笑到最后,只有那些善于与人合作的员工才能走向未来。

因此,对多为独生子女,缺乏分享、合作意识的"80后"员工来说,他们不仅仅要学会发挥个体的作用,还要注重与团队成员的合作,注重培养荣辱与共的感情和高度的敬业精神,增强团队的凝聚力和稳定性。当然,这并不意味着不尊重员工的个性,而是要充分发挥个人的创造性和主动性,为其自我实现提供良好的环境和机会,从而产生对团队的归属感,实现个人价值与团队价值的双赢。

要想加强员工的团队精神,并不是组织几次团队活动、做几次拓展训练就能见效的,在企业管理制度中,尤其是绩效管理方面,要更多地关注团队绩效,以引导"80后"们从个人英雄走向团队至上。

以"尊重和坦诚"维护"80后"的自尊心

"80后"员工自尊心强,对尊重特别敏感,因此尊重对进行"80后"的管理十分重要。企业要尊重他们的个性,并根据其个性特点加以引导。在此基础上,企业还要与他们进行坦率的交流,真诚地倾听他们的愿望和需求,关心他们的真实感觉,使其意识到他们是企业中重要的一员。同时,在了解"80后"员工的心理动态,并分析产生此种心理动态的原因后,企业还要及时向他们反馈相关的信息,告之对他们的具体要求。这样,在基于尊重基础上的坦率沟通与反馈下,"80后"员工对企业的忠诚度就会得以提升，员工队伍的稳定也就有了保障。

安利中国人力资源总监饶俊认为，通常"80后"对工作的期望值都很高，所以，管理他们的期望值是最关键的。管理者要用比较亲切的方式与其沟通，不能让他们感觉到是在命令他，因为这会引起他们的反感。

以"激励与授权"激发"80后"的工作热情

有关研究调查发现，"80后"员工关心更多的是上级的认同和个人的成就，排在第三位的才是金钱。只有当他们得不到成就感和信任时，才会寄托金钱这种更现实的东西。因此，对他们进行正向激励就显得尤为必要。在思想上认可他们的建议，在实践中实施他们的想法，这对"80后"都是很大的激励。同时，创造一个能够自我激励的环境，让"80后"觉得在这样的环境里发挥自己的能力是他们乐于做的事情。比如，前新浪人力资源总监段冬曾说过，"如果员工加了两天班，你给了他五百元的加班费，他只会认为这是他应该得到的；而如果换成是给他女朋友或太太买件小礼物，这种激励就会比给他现金更有效，因为这会让他觉得自己是在一个有人情味、受尊重的空间里工作。"

"80后"员工的创造力和可塑性都很强，勇于挑战，容易激发潜力。适当的授权则是认可并促进他们成长的有效方式。在授权的过程中，让他们学会思考问题。在授权的范围内，他们可以根据自己的理解有创造性地工作，提出问题的解决方案。当然，在此过程中，他们可能会走一些弯路，提出的方案不一定具有可行性。但不管结果怎样，只要他们认真思考过了，他们就能体会到自己的变化和成熟，就会觉得被认可，他们找到了成就感和价值点，就会产生对企业的归属感。因此，饶俊认为，"在关键点上，要倾听'80后'的想法，并事先给他们一些提醒，让他们承担更多的责任；碰壁之后要和他们及时沟通，然后设法引导。"

一代人有一代人的优势与特点，我们不能只把眼光盯在"80后"的缺点上，而要更加关注开发他们的长处，并积极采取措施协助他们提升个人品德修为，重塑个人价值观。只有这样，他们才会与企业趣味相投，携手走向成功。

刊发于《HR 经理人》，2009 年 7 月

企业如何加速核心人才成长
——EASE 模式破解领导力发展难题

刘瑞利／文

越来越多的企业意识到：诸如市场占有率、品牌、技术专利等核心竞争力的"半衰期"越来越短，只有一种能力能够长久不衰，那就是"人才优势"。然而现实情况是，大部分企业似乎始终无法突破人才瓶颈，表现为：

- 人才标准认识不统一，无法贯彻下去；
- 业务部门总在抱怨人力资源部培养人才速度慢；
- 高层参与度不高；
- 员工对于培养与自身发展有何关系不清楚，没有学习热情；

……

面对现实，越来越多的企业开始反思现有的人才培养方式，或借助外部力量或依靠自身，主动探索人才加速培养的新模式。究竟什么样的模式被实践证明是有效的呢？

某高新技术企业经过初创期、发展期、飞跃期，2012年，公司主动变革，进入战略转型期。基于战略转型，必须打造一批能够支撑战略实现的人才队伍。公司高层已意识到公司现有的中层管理者，其能力已不能支撑战略目标的实现，但究竟应该具备什么样的能力素质高层并不明确。尽管公司花重金开展了一系列的培训活动，比如与名牌大学合作开发培训课程，聘请名师讲授……但收效甚微。

结合上述案例，智鼎公司认为一个组织能否有效实施人才加速成长计划，关键在于：

- 领导力发展是否为"一把手"工程？

- 人才标准即领导力行为是否明确？
- 领导力行为是否源自战略？
- 是否能够甄别目前领导力与战略目标下领导力的差距？
- 是否有良好的支持系统来推动持续的领导力发展？
- 是否提供个性化的挑战性经历来锻造领导力？

基于上述认识，智鼎公司经过五年大型组织的领导力开发实践，提出领导力发展的 EASE 模式。这一模式强调从战略出发识别组织领导力框架，对关键人才领导力现状作出评估，分析出领导力差距，发动个体深入认知自我以引爆发展渴求，组织提供支持平台和个性化挑战经历，推动梯队人才领导力建设，最终实现组织能力提升。见图1。

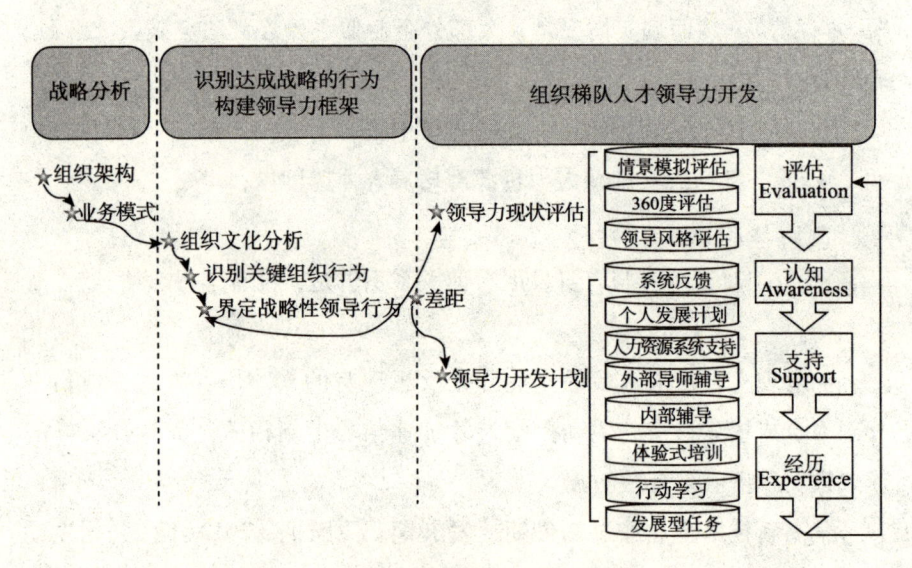

图 1　领导力发展的 EASE 模式

按照领导力发展的 EASE 模式，我们最终确定了 9 名总监作为培养对象，提供了如下解决方案。

阶段一　构建领导力框架

领导力发展的目的在于缩短当前领导力与战略目标下领导力之间的

差距,因此,首先要界定和明确达成战略目标所需领导力框架是什么。如上文所讲,公司高层乃至全员对人才标准并未形成统一共识,必须先确定人才标准。

领导力模型源自战略,因此我们采用了关键事件访谈法,并邀请高层一起就公司的战略目标、组织架构、业务模式、组织文化进行分析,最终构建了基于战略的不同层级、序列的领导力模型。针对总监的领导力框架见图2。

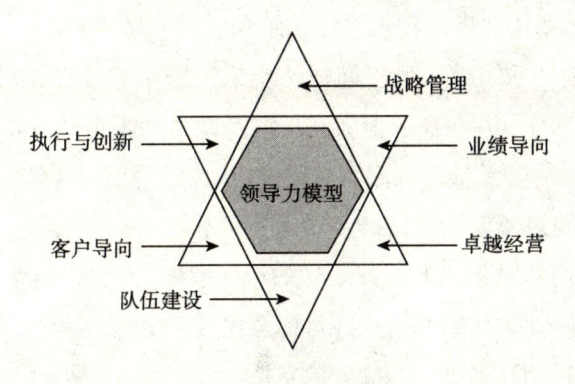

图2 总监领导力框架

阶段二 领导力现状评估

以总监领导力模型为标准,对总监领导力现状进行评估。我们综合运用了心理测验、情景模拟、结构化面谈、360度评估技术等多种技术,来评估总监的优势与不足。见表1。

表1 总监领导力评估工具——维度矩阵表

	战略管理	业绩导向	卓越经营	执行与创新	客户导向	队伍建设
心理测验		√		√	√	√
情景模拟	√		√		√	√
360度评估	√					√

阶段三　领导力开发计划实施

1. 反馈辅导并制定能力提升计划

个人特质中最难意识到的是动机。动机产生需求，需求引发愿望，并持续不断地驱动、指导个人的外在行为。因此，触发自我改变的意愿是个人行为改变的基础。这就需要推动个人去反思自身能力现状与领导力模型之间的差距，因此需要将评估结果反馈给培养对象。

根据前期评估结果，由咨询师初步拟定每个培养对象的个人领导力提升计划（IDP），并在征求上级意见的基础上初步拟定《IDP（初稿）》。由咨询师作为辅导人与每位培养对象进行面谈，主要内容包括（见表2）：

- 向培养对象反馈评估结果：优势和不足
- 明确培养对象"扬长补短"的行动措施
- 制定行动措施所要达成的目标及完成时间
- 落实行动计划中所需的资源支持
- 经过沟通确定形成《IDP（终稿）》

表2　IDP样例（部分）

"队伍建设"	资源支持				时间与目标
	直接上级	内部导师	朋辈伙伴	外部顾问	
行动举措：1.制定下属的IDP，做好定期反馈辅导……	内容：对自己行动措施执行情况、下属行为改变情况进行反馈 反馈频次：1次/月	内容：参与自己对下属的反馈辅导，并随时解答疑问 沟通频次：不少于3次/月	不定期交流各自在反馈辅导下属中的心得、困惑	对下属的IDP给出修改意见	每个月和下属进行1次反馈辅导；每个月撰写1篇心得体会。

2. 实施领导力提升计划

成年人最有效的学习方式是实践。因此，在领导力提升的过程中，采用行动学习、研讨会、发展性任务等多种实践来促进个人领导力行为的改变，具体实施中，既要考虑培养对象的共性特点，还要兼顾个性化的差异。

● 集中提升研讨会（体验式学习）

根据前期评估的结果，我们发现培养对象存在的一些共性不足，比如队伍建设、战略管理、卓越经营等方面比较薄弱。针对共性不足，共召开了3次集中研讨会。

集中研讨会的重点，就是针对上述弱项进行"补短板"，围绕战略、运营、文化、人才管理等主题，开展必要的知识传授，同时就现阶段仍存在的问题进行深入研讨。在这个过程中，公司高层亲自参与讨论，通过集中研讨，将培养对象的现场反思、切磋、行动有机地结合起来。两次研讨会之间会有数月的时间间隔，便于将上期研讨的成果运用到实际工作中去，同时通过培养对象的反思、切磋确定下一期的研讨主题。

● 行动学习

领导力发展项目失败的原因之一是人才培养和工作实际脱离。本项目中我们采用行动学习的方式，将 IDP 与日常工作紧密结合起来。

以队伍建设为例，我们与培养对象共同制定提升计划时，将此能力与日常的管理行为结合起来，比如确定跟下属沟通的频次，如何帮助下属制定 IDP、开展哪些团队建设活动等。在具体跟进的方法上，我们和直接上级一起商定，建议采取以下方式：设定跟进讨论的日期；定期检查下属目前取得的进展；持续观察下属的绩效和行为；保持对下属积极倾听的态度；不断改善行动计划；改进辅导流程，比如定期询问辅导流程中哪些部分发挥作用，以及如何对流程加以改进。

● 发展性任务

履职经历结果、人-岗位匹配度结果和胜任力分析报告综合显示：大部分总监具备复合工作的经历偏少，考虑问题容易局限于本职岗位，全局意识不足，个性特点和目前岗位并非最佳匹配；结合评估结果，我们和公司高层共同商定，建立轮岗制度，部门之间进行岗位轮换。总监在新的岗位上将面临新的挑战，比如原来的团队规模较小，调整后管理的难度增大，通过这种挑战性工作的历练来发展培养对象的队伍建设能力。

3. 搭建支持领导力发展的系统

固化个人形成的新的行为模式并非易事，因此搭建一个持续推动个人行为转变并固化的保障机制尤为重要。本项目的支持系统由图 3 中的四方组成，其中内部导师由间接上级担任，朋辈伙伴可选择其中 1 名培养对象担任。

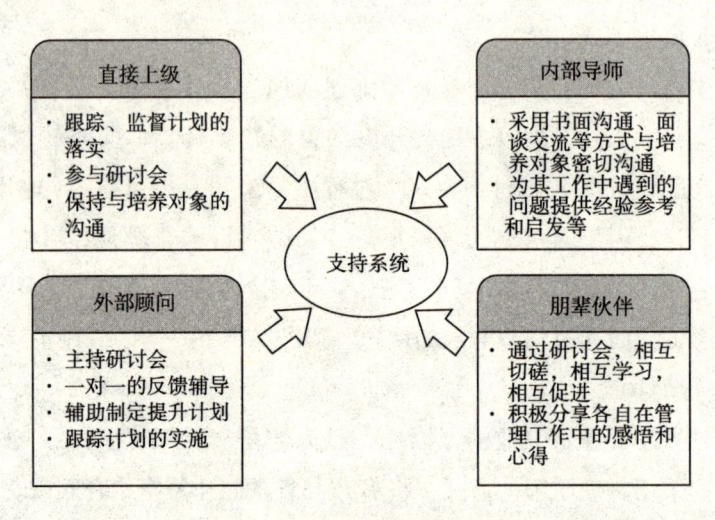

```
┌─────────────────┐              ┌─────────────────┐
│   直接上级      │              │   内部导师      │
│ ·跟踪、监督计划的│              │ ·采用书面沟通、面│
│  落实           │              │  谈交流等方式与培│
│ ·参与研讨会     │     ↘  ↙     │  养对象密切沟通 │
│ ·保持与培养对象的│   ┌──────┐   │ ·为其工作中遇到的│
│  沟通           │   │支持系统│   │  问题提供经验参考│
└─────────────────┘   └──────┘   │  和启发等       │
                       ↗  ↖      └─────────────────┘
┌─────────────────┐              ┌─────────────────┐
│   外部顾问      │              │   朋辈伙伴      │
│ ·主持研讨会     │              │ ·通过研讨会，相互│
│ ·一对一的反馈辅导│              │  切磋，相互学习，│
│ ·辅助制定提升计划│              │  相互促进       │
│ ·跟踪计划的实施 │              │ ·积极分享各自在管│
│                 │              │  理工作中的感悟和│
│                 │              │  心得           │
└─────────────────┘              └─────────────────┘
```

图 3　领导力发展支持系统

阶段四　领导力提升效果评估

整个项目历时一年，项目结束后，我们采用了心理测验、情景模拟、360 度评估等方式对培养对象能力提升效果进行了评估。对照两次评估结果，我们发现培养对象的领导行为有了较大的改变，参与提升计划的 9 位培养对象，有 6 位的绩效有了明显的提升。如图 4 所示。

同时，让培养对象本人对能力培养方案实施情况进行回顾，总结个人能力提升过程中的经验和教训，结合新的评估结果，共同制定了下一年的能力提升计划。

领导力发展是一项长期、系统的工程，企业人力资源部应当搭建能够保障领导力持续发展、健康运作的长效机制，并将这种机制嵌入到整个人力资源管理体系之中，从而源源不断地为企业打造能够支撑战略实现的人才。

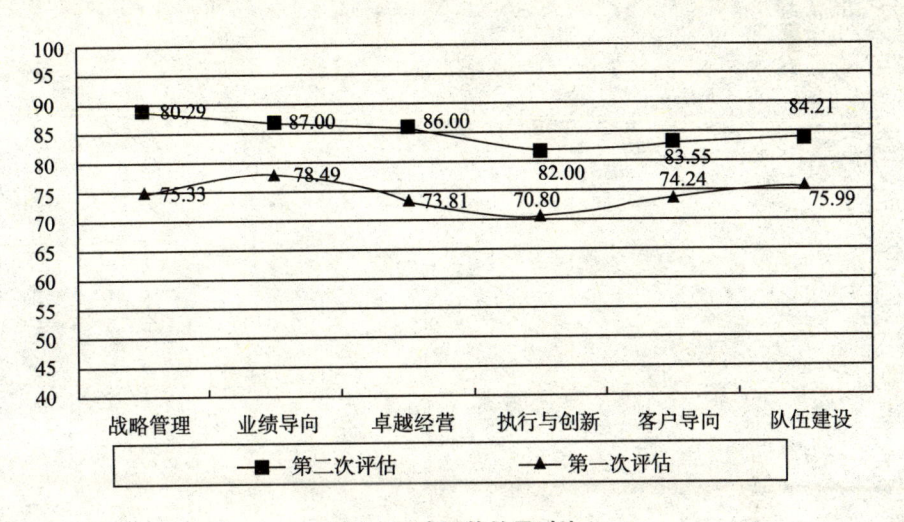

图4　两次评估结果对比

刊发于《中国培训》，2014年2月

人才体系篇

有时候，我们会争论：人才的成长是不是企业业务发展的必然结果？这是不是意味着我们不需要对人才培养进行制度设计？自然，业务不怎么发展的企业，也不会成长出多少人才来。但是，长期人才辈出的企业，一定会在人才培养方面有一套自己的体系，也就是确保人才满足业务需要的培养责任体系、方法体系、激励和约束体系。联想集团自2003年开始搞OHRP，也就是组织和人才盘点，用组织化的方式来识别双高（高潜、高绩）人才。各级管理者有责任发现人才和培养人才。这就是一种人才管理的体系化实践，而不是一种运动式的人力资源管理项目和活动。如果一个企业把人才当作产品来经营，一定会源源不断地制造出引领企业发展的高端人才。这就是近年来领导力发展备受关注的原因。尤其是在VUCA（易变、不确定、复杂和模糊）（volatility，uncertainty，complex，ambiguous）时代，企业要想不被颠覆，就需要培养领军人才，确保基业长青。

确保人才辈出的体系，主要围绕四个方面进行制度、流程和机制设计：人才标准、人才识别、人才培养和人才保留。

■ 人才体系篇

激发个体"胜任力"

田效勋／文

2013年，很多行业都在互联网、大数据等商业创新下经历着冲击和调整。而想在2014年有所斩获，决策者首先应跳出企业，站在组织边缘去了解自己的核心能力和内部资源，这样才会对外界的变化有更多的感触。

并且，决策者至少要花60%～70%的时间和精力，去审视整个行业。而且不仅是核心决策者要敏锐捕捉顾客的变化，更需要在组织内实现"分布式领导"，激发个体潜能，让组织内各个层级都有引领变化、发现趋势的应变力及敏捷性。

激发员工潜能的"循环闭环"

"80后"逐渐走上管理岗位后，如何管理"90后"员工，这是任何一个管理者都要正视的新挑战。

管理"90后"的过程中，如何激发员工个体的激情和潜能是很重要的课题。我们针对员工个性化的培养，提出发展领导力的EASE模式，即领导力发展应该是个体与组织不断"评估（Evaluation）—认知（Awareness）—支持（Support）—经历（Experience）"的完整过程循环。

这个循环的核心就是从战略出发，设定组织领导力框架；然后对关键人才的领导力现状作出评估，分析出差距；之后推动个体深入认知自我，从而激发其成长渴求；随后提供支持平台和个性化的挑战，推动相关个体的领导力提升，使其达到组织领导力框架的要求，最终实现整个组织能力的提升。

人才管理的真相

按胜任力管理，而非按岗管人

传统的人力资源管理模式，是按岗管人，照着岗位说明书去做就好。但在剧变的大环境下，要按胜任力去用人，而非岗位。特别是在高科技行业，更要基于胜任力去管人。如果认为他有这个能力，就让他去做，而不再拘泥于"岗位说明书"。这种个性化的人才"使用"，是人才管理的趋势。

特别是对于新生代员工的管理，很重要的一点是要让他们参与到管理中来。有研究表明，有潜质的人才，特别是职场新生代，追求的是职业的快速发展，寻求的是有挑战性的工作。而以往先从基层做起的培养模式，会让高潜人才很快失去工作兴趣。

因此，未来管理者要为人才设计"一连串的成功体验感"，从而发挥其潜能。像教练式的领导、导师制，将更符合新一代员工的特点。

2014年，企业人力资源管理挑战的一个方面，就是高潜人才的培养和发展。高潜人才的甄别应从招聘时开始，因为人的悟性、学习能力不全是努力就能解决的问题。所以，招聘时就要选择有悟性、有上进心、有沟通能力的人——这三点是高潜人才的特征。接下来，管理者要做的就一条：关注他、认可他、激励他。

刊发于《中外管理》特刊，2014年1月

人才盘点度量 HR 战略

柯学民／文

年终总结，HR 们不仅要总结自己一年的工作得失，还要向领导提交一份人才盘点报告。人才盘点是企业人才的仪表盘，有效地进行人才盘点是进行人才储备、应对未来的关键。

但是，让很多 HR 感到郁闷的是，挖空心思做出的盘点报告，却经常被老板束之高阁，认为对企业经营没什么价值。

原因在于虽然很多组织都在做人才盘点，但为什么做，如何做，希望通过人才盘点达成什么样的效果，并不是都想得很清楚。

让我们来看看某世界著名银行 CEO 对人才盘点的期望：用人才盘点来衡量个人和集体领导方面的表现；全公司用统一标准来评估当前领导团队的工作表现和潜质；发现世界一流人才，所有公开招募的领导人职位都有出众的候选人；关键人才在各个业务部门和地区之间能够平稳地流动；素质最好的初级职位候选人视公司为能够为其提供机遇的雇主。

从这位 CEO 的期望，可以看到人才盘点的作用和意义：摸清楚本组织的人才家底；检验组织人才战略执行程度；检验人力资源政策和措施的实施效果。

进行人才盘点的前提是要有组织战略，带着清晰的组织战略去进行人才盘点，就不会失去方向，人才盘点也就不会沦为人事数据——如学历、性别、年龄等的统计。

进行人才盘点，可以紧紧围绕以下三个方面来做，让人才盘点切实发挥作用。

首先，通过人才盘点摸清人才现状。

一个组织常常要思考这个问题："基于未来的战略目标，究竟需要什么样的人才队伍来匹配"。人才盘点就要对此作出回答。

几年前我们曾经服务过的一家公司，新掌门人上任后，对公司的战略做了非常大的调整，该公司原来是从事化工产品的制造销售服务，是行业中的龙头企业，为了实现进军世界500强的目标，决定向"投资、环保、地产、农业"等多个方向拓展。

我们为其提供人才盘点服务，核心目的就是向决策层分析清楚：为了实现公司的多元化战略，公司目前的人才现状，包括核心管理人才、专业人才的数量、能力的现状。

同时，结合为公司战略发展的需求，我们在这份人才盘点上，还列出了员工任职水平、员工与新岗位的差距、员工有待发掘的潜能等。根据人才盘点结果，人力资源部列出了新的年度人力资源工作重点。使这家企业在扩大业务范围时，清楚地了解自己的人才优势和劣势，需要补充什么样的人才，培训或任用什么的人才就一目了然了。

其次，通过人才盘点来检验人才战略执行程度。

如某集团公司的人才战略是"通过人才加速成长，打造一支具有经营意识和客户意识的经营管理人才队伍"。表1是该战略实施两年后，针对该公司中层管理者基于素质要求的人才盘点表。

表1

素质类别	素质名称	中层管理者素质水平要求	
		岗位要求	现状
客户与市场	市场拓展	7	4
	客户导向	7	5
驾驭能力	队伍建设	7	7
	沟通协调	7	6
经营能力	统筹规划	6	4
	变革创新	6	3
	贯彻执行	6	6
	风险防范	6	6
自我管理	追求卓越	6	4
	压力管理	6	6
	以身作则	6	6

备注：素质水平要求共分为9级，级别越高表示要求越高

人才体系篇

分析表1，我们不难发现，该集团公司的人才战略重心是放在经营管理人才，尤其是经营管理人才的经营意识和客户意识上。具体到中层管理者的岗位要求而言，表现在"客户与市场、经营能力"两大方面。从人才盘点的情况来看，该集团的中层管理者在这两个方面的差距比较大，远远没能达到人才加速成长的目标，表明其人才战略执行得很不理想。

通过将人才战略落实到具体的人才目标，细化到关键岗位的素质要求，基于素质要求进行人才盘点，从能力的满足度上进行分析，才能对人才战略执行到位程度做出准确判断。

第三，通过人才盘点检验人力资源措施效果，制订人才培养发展计划。

国内某家股份银行为了从高校吸引优秀毕业生加盟，从2005年开始启动"管培生"项目，提出"素质+潜质+视野+经验=未来管理人才和业务专家"一体化管理理念。为了吸引并让这些优秀毕业生在本行能快速成长起来，人力资源部制订了相应的举措，包括：通过科学的评估手段筛选出高潜优秀毕业生；通过沉下去，深入基层培养管培生脚踏实地的工作作风；通过浮上来，持续关注让管培生通过业绩让自己突现，得到认可；等等。

人才盘点可结合这个人力资源的措施和结果要求，逐项对管培生进行盘点，最后呈现的结果，要能使决策层清晰判断"管理培训生"作为该行吸引和培训人才的重要举措是否真正在起作用。而且，有效的人才盘点还可以大大加快对关键人才培养的相关决策。

在去年该行进行的人才盘点中，发现某位正担任西部某分行的高级客户经理的管培生，有希望在短期内提升到总行任高级客户经理，但是，其对南方经济发达地区的经验有所欠缺。根据盘点的结果，我们可以为其制定一个为期两年的轮岗计划，让其负责某个南方分行客户营销与管理工作。这样具体可行的计划就会在人才盘点会上得到审视，一旦得到高层管理者的认可，便能进入人力资源的工作任务清单，对每个人的发展计划进行及时的跟踪。

人才盘点是起点而不是终点,人才盘点的结果不能仅仅是一堆带有数据的表格,而是一定要转化为具体、可操作的行动计划。

刊发于《企业观察报》,2013 年 1 月

■ 人才体系篇

打造组织能力，突破发展瓶颈

田效勋/文

先让我们一起来做个选择题吧。

一把手发现了产品或服务中的某个问题，接下来，他应该怎么做呢？

A. 着手推动这个问题的解决

B. 思考背后的原因，着手解决根源问题

选 A 还是 B 呢？根据有限的题干信息似乎很难做出选择。创业期的小公司，选 A 是合适的，成长期的大中型公司选 B 是合适的。

对于已经走出开创期的公司，这个选择题目也是衡量一个组织是否良性运行的简单有效的测试。往往是那些非常懂技术、懂客户，又习惯于即兴反应的领导者，不容忍问题的存在，很可能会亲自上手来推动问题的快速解决，从中也获得了些许成就感。从长期来看，这是一个非常危险的信号！

我也看到过类似的领导者，他们对事业有着强烈的追求，对客户有着强烈的责任心，但是，一年又一年地重复着创业初期的行为模式：亲力亲为地解决公司面临的一个又一个问题。运气好的公司，得益于领导者旺盛的个人精力和身体素质，公司业务或许会逐步成长。但是，这种公司很难成长为一个卓越的企业。

企业和政府机构不同，它可以根据需要无限地、灵活地设置机构、增加人员，扩张自己提供产品和服务的能力。这句话概括了企业的组织本质，即它需要将众人组织起来，有效地运转，从而实现企业的使命。

认识到依靠组织的力量的领导者很多，但在这方面真正实践，并将此作为头等大事的领导者就很少了。

到底什么是组织能力？我觉得，它主要包含了四个方面，如表1所示：

表1

Competency 员工能力	Delivery 产出目标
Organization 组织体系	Energy 员工活力

员工能力。员工能力要和业务发展需要相匹配。员工能力的获得要么通过招聘，要么通过内部培养。从内部培养来看，要强化人才梯队的建设，着力于高潜力人才的储备和培养。人才能够一茬接一茬地涌现，就不愁业务的持续发展和创新发展。

组织体系。再有能力的员工队伍，如果不能很好地进行分工协作，也只会打乱仗。组织体系，就是一个企业的组织结构，即纵向和横向的分工协作关系；落实到执行层面，就是岗位职责和业务流程。

产出目标。每个员工在特定的工作周期内，都应该有自己的工作产出内容和标准。这些产出目标之间是相互支持，以公司业务发展战略目标为导向的。组织要衡量和监控关键产出目标的达成情况。

员工活力。员工活力是驱动员工实现组织目标的动力系统。如果一个组织，人人都朝气蓬勃，积极向上，即便能力上有所欠缺，也会得到一些弥补，人的主观能动性会发挥巨大的作用。有活力的员工，不意味着拼命地工作，而是从工作中得到认可、尊重、报酬、快乐。员工活力的激发，源自组织的激励系统，包括文化激励、晋升激励、物质激励等。

一把手最关心的问题应该是战略，其次就是组织能力的打造。战略不总是要变动的，一定时间内是稳定的，但组织能力的打造是持续性的工作，永无止境的工作。如果一把手实在无力、无心亲自推动这项工作，也要找到具备这种能力的副手，并授权给他，激励副手来实现这个目标。

《基业长青》的作者柯林斯写到：领导者要做造钟者，而非报时者。其含义，也即提示领导者在考虑战略的同时，要着力打造组织能力，以此突破业务发展的瓶颈，实现企业的持续发展和永续经营。

■ 人才体系篇

适应组织文化是新人高管迈步的前提

胡 炜/文

近日，就在刚刚招募了新的零售和在线商店高级副总裁后，苹果又遭到 eBay 和 Jawbone 的接连挖角，失去两位重要高管。从 2013 年 3 月到现在，已有越来越多的苹果员工，尤其是高管人员考虑另谋他位。知情人士表示，如今的苹果公司不再是已故的苹果联合创始人史蒂夫·乔布斯所带领的那家公司，其企业文化早已异于乔布斯时代。

各大跨国公司高管变动频繁，除了苹果公司，HTC 也于 2013 年 8 月损失一位重将，HTC 副总裁兼全球公关和沟通副总经理黄文采突然离职，在加入 HTC 后不到 4 个月突然离职，不禁让人愕然。

你是一个拥有多名空降管理者组织的负责人吗？

面对着新入组织中层与组织"禁卫军"之间的冲突，你一筹莫展？

紧紧抓住未来十年中国经济转型的机遇，力争让自身进入产业链和行业群中高价值部分，是每一个有着卓越远见企业家的共识。随着组织对人才需求的升级，引入掌握先进技术和技能的高级管理人才成为快速转型战略下企业人力资源工作的主旋律。有调查显示，空降高管失败的首要原因就是和组织原有文化的冲突。站在人力资本管理的角度，要使对人才投入风险最小化，产出收益最大化，有必要明确何为组织文化，帮助新入管理者掌握更多的组织文化信息，并最终转化成他们的适应力和生产力。

什么是组织文化

每个组织的文化都是在长期的生存和发展中所形成。例如在阿里巴巴，称为"六脉神剑"的组织文化是经历近10年形成：客户第一、团队合作、拥抱变化、激情、诚信、敬业六个方面，源于阿里人对互联网商业服务平台的认识（客户第一、诚信），对互联网行业工作特性的认识（拥抱变化、激情），以及平时绩效和关系卓越行为的总结（团队合作、诚信、敬业）。

组织文化是一群人的标签，这群人因相同的理想聚在一起，衍生出维系组织发展的共同行为准则和价值判断标准。文化和组织愿景总是相互联系，"做102年的企业，做世界10大网站，是商人就一定要用阿里巴巴"，正是在这样的愿景之下，这群怀抱激情、有相同理想的人聚集在一起。

简单地说，组织文化包含了达成组织愿景而采取的价值判断和行为准则，以及长期生存发展信念带来的行为标识体系。怎样把看似宏观和飘渺的文化落实到选聘合适高管人才以融入核心管理团队的过程中呢？

组织文化的行为化是核心团队融合的基石

与个人和组织文化相联接的是自我角色认知、价值观、动机、行为风格，这些都是个人冰山模型水面以下潜藏的部分。每个人的差异也是源于在自身独特的经历中潜藏的部分，这些差异很大程度上决定在特定情况下人会怎么想怎么做？知人知面难知心，所以这也是让企业家和决策者们面对空降高管最头痛的地方。如图1所示。

比如，诚信是一个社会公允的品质。但每个人对诚信的理解，在认知尺度上是有差异的。帮老板赚了1000万，利用额外发票在制度允许范围内多报1000块钱的销售总监并不认为自己不诚信，反而他可能因为达成之前对老板的承诺（实现1000万的利润）认为自己"言行一致，信守承诺"。但反过来，老板会怎么看待这样的行为呢？

冲突在所难免的背后是大家对组织文化中"诚信"的行为到底是什么缺乏清晰和一致的认识。同样，在关注核心领导层的领导力发展的时候，如果缺乏对不同水平的行为的认识，也很难去引导管理层领导力获

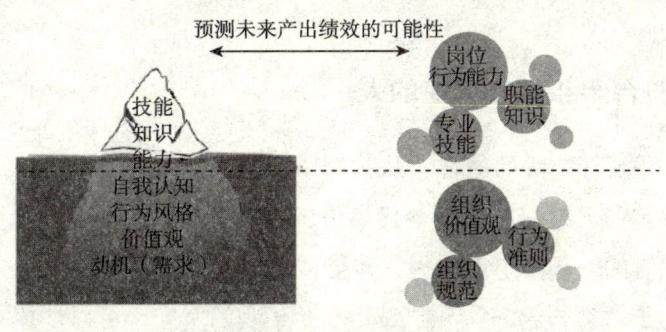

图 1 人与组织匹配的冰山模型

得发展。

但是，如果针对诚信能够界定出在组织中最核心的具体行为（可观察和实践），并能够形象化地让新入高管感知到，则会为新入高管的融入奠定良好的基础与开端，如表1所示。

表 1 某企业"诚信"文化的行为化

诚信的内涵	具体行为
承诺一致	无论对待组织内外人士，都能够不断践行、兑现自己说出的承诺
敢于直言	是非判断上，能以符合组织价值的标准坦诚直言，不受利益和压力影响
敢于担责	面对问题，敢于站出来承担应有的责任、问题、失误，不回避遮掩
实事求是	不歪曲事实，或者传播未经证实的消息，不无根据地议论他人
坚持原则	以组织整体或长远的利益为基本原则，不随意承诺或妥协
有所不为	面对任何与组织利益相抵触、违背的情况，主动地抵制

回到前面讨论的发票多报销实例中，如果在入职前，包括入职后一段时间，新入营销总监知道组织对诚信的判断有"面对任何与组织利益相抵触、违背的情况，主动地抵制"这样的行为要求，同时附上既往正反两面的实际案例，他就能知道哪怕虚报一点发票也是和组织利益相互抵触的。这才可能让新入高管和企业现有决策层有用"同样的语言进行对话"的前提。

甄选：符合组织核心价值的人

现实中要让空降的高管"从头到脚都流着组织的血液"很难，但我们可以界定一下组织文化中最代表组织核心价值的行为是什么，在甄选时把最关键的一环牢牢地掌握，才能"套牢"最适合的人才。类似像阿里巴巴为了"客户第一"和"诚信"价值观的坚守，可以炒掉CEO的做法，说明高管的诚信行为在组织文化体系中举足轻重。那么在选人之初，无论人才来源是组织内外，都应该注意收集大量的事实信息去证实或证伪候选人的诚信行为与组织文化要求是否吻合。

在甄选高管人才时，多轮的沟通和评估是非常有必要的。首轮的评估可以采取价值判断法，并辅以投射测验的评估方式。让候选人在相对较短时间内在若干组织价值观描述中用"奥卡姆剃刀"剔除掉80%的内容。人在短时间剔除的一定是和自己价值判断相对吻合度低的内容，最后留下自己最能接受的内容。观察剔除的顺序（或这些价值观在其心目中的排序），往往能够看出个人价值观与组织价值观之间的吻合程度。另外配合上让候选人完成在无意义情景/内容中去建立有意义内容的投射测验，可以印证之前对个人价值观的判断。这样的评估方式较少会受个人因为求职动机强弱影响到真实回答的程度。

在基本确定候选人价值观后的第二轮交流，应了解个人既往履历中负面关键事件，尤其是初入职场以及上一份职业时期的不成功经历。虽然最近的经历被认为是对胜任力更有价值的预测，但对于职业角色认知、行为风格、职业观等方面的行为往往来源个人的职业早期经历。同时，个人目前的心境状态会和上一份职业经历直接联系。当然这些问题应该和了解能力、技能的成功经历一块提问，否则带给候选人的体验是比较消极的。如图2所示。

最后的面谈应该是由核心决策层共同参与，由组织负责人向候选人介绍组织的愿景、文化，展示组织中好的行为，请候选人提出客观评价。把组织中一些有代表性的管理情景（最好是已经有结果的）虚拟出来，

■ 人才体系篇

●完成句子样例（2分钟内你想到了什么）
最重要的是＿＿＿＿＿＿＿＿＿＿＿＿＿＿＿＿＿＿＿＿＿＿＿＿＿
一场大火后，我只能救一样东西，那将是＿＿＿＿＿＿＿＿＿＿＿＿＿
生活中，我最想要的＿＿＿＿＿＿＿＿＿＿＿＿＿＿＿＿＿＿＿＿
独处时更容易＿＿＿＿＿＿＿＿＿＿＿＿＿＿＿＿＿＿＿＿＿＿＿
陌生人面前＿＿＿＿＿＿＿＿＿＿＿＿＿＿＿＿＿＿＿＿＿＿＿＿
我不愿意＿＿＿＿＿＿＿＿＿＿＿＿＿＿＿＿＿＿＿＿＿＿＿＿＿

图2　投射测验——完成句子测验样例

让候选人介绍自己的处理方式和设想。让候选人和所有决策层管理者互动，相互介绍，并让候选人提出自己的问题。

完成上述评估流程的前提是组织文化的行为化。只有把文化中相对概括浓缩的词汇变成可观察、了解的行为时，才能使评估变得更加有的放矢，从而提升甄选的精准性。

是不是通过这样的甄选就能确保新入高管的行为能够符合组织文化要求了呢？不。选，只是开始。正如前面提到，没有"从头到脚流着组织血液"的人，通过发展性的培育来使其融入到核心团队中也至关重要。如图3所示。

奠定基础	第一轮	第二轮	第三轮
组织文化行为化	◆快速价值判断 ◆投射测验 ◆把握核心价值观	◆关键事件面谈 ◆早期职业经历 ◆关注负向事件	◆决策层集体面谈 ◆组织文化展示 ◆与决策层互动

图3　高管"人-组织"匹配的甄选流程与方法

发展：组织与新入高管的"互相融合"

过去有一些老板"急不可耐"地期望今天招的人，明天就能产出期望的价值。殊不知，少了融合的团队就像一只始终有裂缝的碗，不知用到哪天就彻底碎掉了。也有很重视让新入高管适应组织文化的老板，但更多是在强调新入高管"自己要学着适应"。殊不知，适应就像两个交往的人，如果只有一方去追逐另一方的价值观，很难说会有一个水乳交融的结果。因此，双方都要向前迈步，主动地促成"互相融合"。

华丽的新入高管欢迎会后，核心决策者有必要以职业辅导人的角色，对新入高管进行不低于一周（最好能持续一月）的跟进辅导。让他与核心决策者共同工作，同时利用这样的机会，随时向他指出管理团队的一贯做法和决策风格。当然，这个过程也可以用行为风格评估工具来辅助完成。同时，把涉及到工作的各项决策与组织文化链接起来，不断强化他对组织文化在实际管理中具体行为的认识。

初步让新入高管系统认知并接纳组织文化后，一次核心团队的"务虚会"则显得非常重要。时间节点可以在新入管理者进入组织的第一季度末。主题不限，可以是管理班子的沟通、管理风格进行互相的反馈，并就一些管理决策进行不设界限的头脑风暴，要鼓励新入管理者大胆表达，畅所欲言。在这个过程中，既能够展示管理层群体的思维和判断，同时也是让管理团队吸纳新的思想和观点的好机会。让新入管理者理解文化，也让文化拥抱新的变化。

一般情况下，能够做到上面两个步骤，基本的发展目的已经达成。这时候的新入高管已经经历了两次"洗脑"，同时也做出了自己的判断。觉得自己能够适应者，基本会相当长时期地服务于受雇用的组织。不能适应者，也能够在试用期及时做出终止判断，降低长期用人风险。

进一步而言，从持续的领导力发展和人才梯队建设角度，帮助新入高管界定一个相对适中的初步工作目标与计划也会带来更好的融合效果。因为当初步目标的可行性大于挑战性的时候，才能更好地激励他投入更多努力，并更深入地接纳组织文化。最终接受个人利益与组织利益的捆绑。很多时候，新入高管与企业老板之间的关系也"死"在"好高骛远"与"面对挑战准备充分"上面。如图4所示。

帮助新入高管融入组织文化，并不是一句空白的表达。从组织文化的行为化，到甄选出符合组织最核心价值观的人，再到通过发展高管领导力，从而使高管团队融合。这是一系列循序渐进的系统工作。而行为化的文化是基石，虽然这个工作本身看不到任何真金白银的产出，也体

```
新人      职业辅导         务虚会            目标设定
欢迎会   ◆ 1周~1个月     ◆ 入职后的第一季度  ◆ 既往情况分析
         ◆ 跟进辅导       ◆ 不限主题         ◆ 现状分析
         ◆ 与决策者工作   ◆ 头脑风暴与吸纳    ◆ 低线目标设定
         ◆ 行为风格评估   ◆ 开放氛围与互动    ◆ 挑战目标设定
         ◆ 组织文化链接
```

图 4　帮助新入高管融入组织文化的步骤与方法

现不了组织结构性的变化，但会潜移默化地改变组织的未来。很多卓越组织正是前瞻性地看到这一点，才会在组织发展的不同转型阶段反复梳理并建设组织文化的具体内涵。这些组织都有基业长青的基因，都能够最大化地实现战略的转型和落地。

刊发于《企业观察报》，2013 年 9 月

人才"蓄水池"
——企业继任计划的关键

张 璇/文

随着业务高速发展,越来越多的企业不得不面对这样的困境,由于发展速度太快,人员规模迅速扩充,缺少人力资本的积累,导致严重的人才梯队断层。怎样让企业人才管理走向一条可持续发展的道路,建立长效的用人机制,成为许多企业高层管理者和人力资源部急需解决的一道难题。

案例: 某电商公司抓住了网购盛行的市场机遇,业务得到了高速的发展,但伴随着公司的发展,人的问题越来越让高层管理者头疼:

问题一: 由于发展速度超出了预期,近两年人员规模迅速扩大,虽然招聘了很多新员工,但企业并没有积累起足够的中坚力量,很多中层管理职位空缺,导致高层管理者既要花时间考虑整体战略、市场策略等重要决策,还要分出许多精力承担中层管理者的日常管理工作。

问题二: 由于没有后备人选,经常面对无人可用的尴尬境地,一旦出现核心员工离职,人力资源部就只能找其他人兼任,或紧急从外部"空降"。前者会导致兼任者工作量显著加大,无法长久;而空降者由于缺乏对公司的了解,需要时间适应。因此,很多计划中的工作停滞或者效率低下,影响了公司的正常运转。

以上例子反映出企业由于人才储备不足而导致的问题,也带给了我们启示:要让企业建立长效的人才培养和用人机制,必须在管好现有队伍的同时,制定长远的人才继任机制,关键是建立企业的后备人才库,即人才"蓄水池"。

人才"蓄水池"一方面要有合理的后备人才筛选办法、明确的人才"蓄水池"准入机制,另一方面是建立人才"蓄水池"的退出机制。总之，动态管理人才"蓄水池"，持续对人才"蓄水池"中的人进行考察，跟进员工发展，优胜汰劣。

建立企业人才"蓄水池"的步骤

通常来讲，建立人才"蓄水池"需要经过以下步骤（如图1所示）：

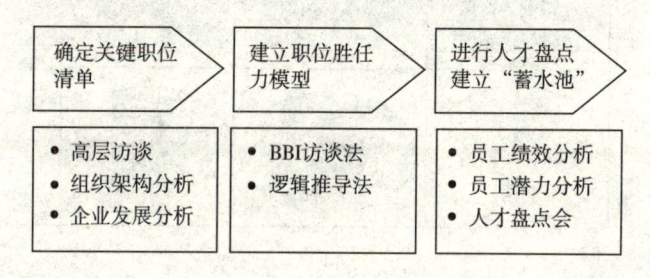

确定关键职位清单	建立职位胜任力模型	进行人才盘点建立"蓄水池"
• 高层访谈 • 组织架构分析 • 企业发展分析	• BBI访谈法 • 逻辑推导法	• 员工绩效分析 • 员工潜力分析 • 人才盘点会

图1　建立人才"蓄水池"步骤

首先需确定企业的关键职位清单，可通过与企业高层访谈了解企业需求，结合现有的组织架构和企业未来发展的需求，确定需要建立人才"蓄水池"的关键职位清单。然后对这些关键职位的胜任力进行梳理，可以采用BEI访谈法和逻辑推导法等方式，建立关键职位的胜任力模型。

人才"蓄水池"进入机制

如何决定哪些员工可以进入人才"蓄水池"中呢？其核心是"人才盘点九宫格"。对能力评估通过通用能力测验、结构化面试、360度评估等方式，再结合员工的绩效表现，从两个维度建立人才盘点九宫格，对现有人员进行分类。如图2所示。

根据类型进行差异化管理。最佳者是目标岗位继任人员的优先考虑对象，可以从多角度规划其发展；中坚力量应给予更多的培训机会，帮助其提高绩效水平和能力，尽快达到高评定；表现尚可型，可以适当为其提供进一步的发展机会，帮助其成长；对于失败者和绩效不佳者应进行绩效辅导，必要时可考虑淘汰。

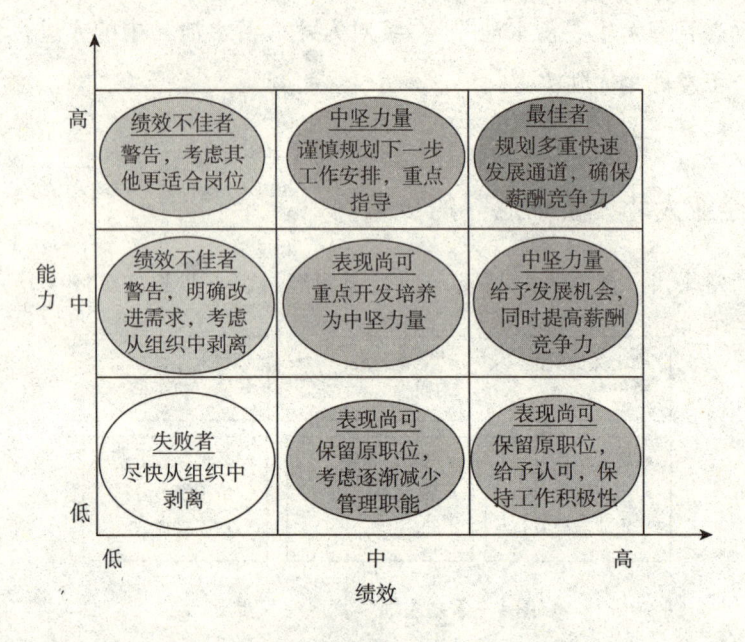

	低	中	高
高	绩效不佳者 警告，考虑其他更适合岗位	中坚力量 谨慎规划下一步工作安排，重点指导	最佳者 规划多重快速发展通道，确保薪酬竞争力
能力 中	绩效不佳者 警告，明确改进需求，考虑从组织中剥离	表现尚可 重点开发培养为中坚力量	中坚力量 给予发展机会，同时提高薪酬竞争力
低	失败者 尽快从组织中剥离	表现尚可 保留原职位，考虑逐渐减少管理职能	表现尚可 保留原职位，给予认可，保持工作积极性

绩效

图 2 人才盘点九宫格

通过建立各个核心职位的人才盘点九宫格，企业可为更有针对性地培养和发展员工打下基础，进而为继任计划提供保证。

人才"蓄水池"退出机制

除了人才准入机制外，企业需要定期对"蓄水池"中的员工进行评定，确定员工是否继续保有留在"蓄水池"中的资格。如图3所示。

企业根据需要，定期对人才"蓄水池"的员工进行评估，重点考察员工的培养效果及成长情况，通过各种测评手段，重新界定员工在人才盘点九宫格中的位置，对于那些没有达到预期培养效果的员工予以重点关注，考虑修改提升计划，同时淘汰掉不符合要求的员工，保持人才"蓄水池"的流动性。

通过上述方式，为企业每个关键职位建立相应的人才"蓄水池"，提取相应职位的继任者名单，保证企业在高速发展的同时，兼顾企业自身人才的储备，为企业建立长效、规范的用人机制，打下坚实的基础。

■ 人才体系篇

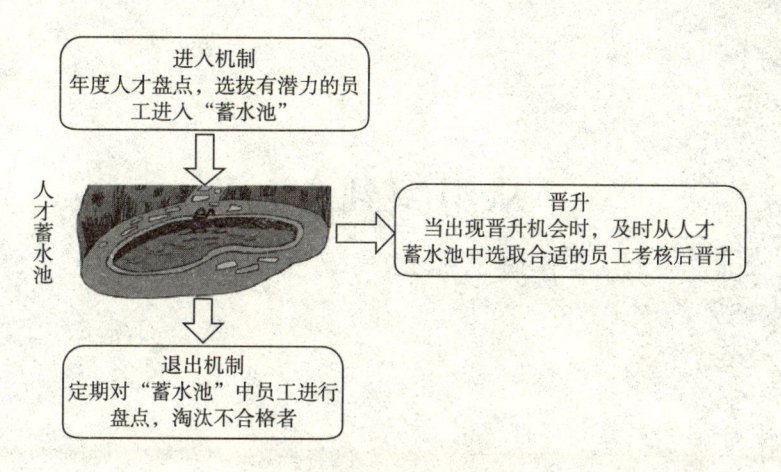

```
                  进入机制
              年度人才盘点，选拔有潜力的员
                 工进入"蓄水池"
                        ↓
                                    晋升
  人                           当出现晋升机会时，及时从人才
  才        [蓄水池图]  →      蓄水池中选取合适的员工考核后晋升
  蓄
  水
  池
                        ↓
                  退出机制
              定期对"蓄水池"中员工进行
                 盘点，淘汰不合格者
```

图3 人才"蓄水池"管理机制

刊发于《企业管理》，2013 年 3 月

从组织到个人
——国有商业银行绩效管理的新趋势

张登印 / 文

案例

某商业银行绩效管理的难题

某国有商业银行省行辖内最大的二级分行刚换上一名年轻的沃行长，上一任柳行长调到省行工作，临行前柳行长向年轻的沃行长表示，去年该行的业绩不太理想，是近几年来首次辖内排名下滑，总结起来，其中一个很重要的原因就是绩效考核工作存在偏差。沃行长从另外一个规模小一点的二级分行调过来，对绩效管理的弊端深有体会，正是在绩效管理方面进行了改革，才使他原来负责的二级行取得了较好的业绩。沃行长说，国有商业银行的绩效考核是从上至下的，总行的每一个条线部门都对分行进行考核，考核指标很详细，考核力度很大，哪一个条线部门都不甘落后，因为绩效考核是他们手中非常重要的指挥棒，关系到他们部门的职责和任务能否得到实现。各专业条线部门的指标到了省行一汇总，省行行长接受到的是总行庞大的指标库。省行相关专业部门再把指标下到二级分行，二级分行依样画葫芦制定了针对各支行的绩效指标，可以想见，支行行长们也是拿到了类似的庞大指标库。"绩效指标沿着组织层级在飞，但是在每一个层级都没有与经营战略融合落地，无论是省行层面，还是二级分行层面，一直到支行，绩效指标只是透过组织层层机械地分下去了，缺少对这些绩效指标进行取舍、调整和消化的过程。关键是这样的指标体系并没有落实到每个人头上，也难以落实到每个人头上。"

当前国有商业银行绩效管理的现状

上面的例子代表了上级组织对下级组织进行考核的一种模式，是当前国有商业银行绩效管理的缩影，反映了当前国有商业银行绩效管理的特点：

第一，绩效管理在国有商业银行管理中的作用是举足轻重的。

与一些企业对绩效管理重视度不够不同，国有商业银行的绩效管理自上而下都非常重视，特别是近些年来，随着银行间竞争的加剧，银行的管理者不得不拿紧绩效管理这根指挥棒。某省行人力资源部的副总经理说："因为国有银行承担着很大的社会责任，不能像民营企业和外资企业那样轻易地把不合格的人辞退，因此绩效管理就成为调动员工积极性为数不多的有效手段之一。把绩效考核与年终的绩效奖金分配挂起钩来，确实发挥了较大的作用。"

第二，总行的绩效管理政策对分行起着决定性的影响。

总行各条线的绩效管理办法，到了分行，一般只针对本行情况做稍微的调整，就会下发至下一级分行。当问及该省行人力资源部副总经理，省分行在绩效管理上如何创新时，他说："我们主要还是看总行的，总行定了调子和框架，分行层面主要是执行。"这一方面是由于总行的权威性，总行历史上更多地在行使着管理和控制职能，众多条线部门对下面分支机构来说都是上级领导，甚至掌握着各分支机构的许多资源。另一方面是管理的惯性造成的，各分支行习惯了被动执行上级行的政策，缺少主动创新和自主经营的意识。

第三，总行统一下发的绩效指标与各分支机构的本地战略融合度不够。

前些年，由于绩效指标较少，也简单易懂一些，这种集权式的绩效管理政策下到分行，还比较容易看清楚，确实起到了调动分支机构管理者的积极性。但随着银行专业化分工以及精细化经营理念的出现，总行下达的指标越来越细，越来越多，每一个条线部门都开发了有助于完成本部门任务的指标体系。到了分支行，上级行下达的指标很多，难以兼顾各分支行的特点，分支行的管理者如果不善于主动创新，缺少结合本地战略对上级组织的绩效指标进行转化、整合，绩效考核的实施效果就会受总行政策的局限。

第四，对组织的绩效管理是核心，对个人的绩效管理缺少系统性。

国有商业银行一谈绩效考核，大多谈的是对部门、分行或支行的绩效指标，传递的压力首先由分支行的一把手承担。在每一个层面，组织的压力并没有有力地传递到每一个员工身上，存在着"重组织，轻个人"的现象。有的银行甚至根本没有针对个人的绩效考核表，有点"大锅饭"的味道，组织总体搞好了，大家都有饭吃。也有的银行在进行针对个人的绩效管理，但更多的是一种定性评价，通过综合打分评价出ABCD类员工，但效果却并不理想。甚至会有个人评分都很高，组织绩效没有完成的情况。如图1所示。

图1 重组织考核，轻个人考核的国有商业银行绩效管理现状

其实，绩效管理作为一个管理工具，本来就应该是从组织到个人的，应该既有对部门和分支机构的考核，也有对岗位和个人的考核。企业推行绩效管理体系的时候都是从组织到个人全员实施的。一些商业银行偏重组织考核，缺少从组织到个人的绩效指标的有机分解的现状，分析一下可能有这样的原因。国有商业银行是从国有企业经股份制改革转变而来，国有企业的集权性较强，集体第一位、个体第二位的传统观念使得对组织任务的完成更加重视。组织整体的绩效指标代表着这个组织负责人的绩效指标，必然会得到拥有绝对影响力的一把手的重视。最重要的

■ 人才体系篇

是，这跟国有商业银行的绩效奖金分配方式有关，年终绩效奖金是在年终决算以后，根据经营目标达成的情况，以组织整体的方式逐级向下分配的。如果组织整体经营情况良好，绩效奖金的总盘子就大，组织中的个体拿到的报酬也就更多。而从组织到个人进行二次奖金分配时，往往同级别员工几乎没有太大的差异。这种分配方式更强化了银行绩效管理中偏重组织考核的特点。

银行绩效管理的转变

为了应对越来越激烈的市场竞争，银行的管理者开始更加注重通过绩效管理挖掘每一个人的工作潜力。银行的绩效管理正在从组织走向个人，正在向系统化和精细化的全面绩效管理转变。本文开头案例中提到的柳行长就是一位在绩效管理方面有先见之明的管理者，他没有被动执行省行的绩效体系，而是根据其所负责的二级行所处地域、客户结构、市场和产品的特点，制定了清晰的经营战略目标和战略举措，并把这些战略举措转化为各部门和各支行的绩效指标，进而分解到每一个人头上，建立了确保能够支撑本行战略目标的绩效体系，这是其所负责的二级行取得较好经营业绩的重要原因。

怎么才能更好地做到绩效管理从组织到个人？我们认为应该结合目前银行绩效管理发展的四个特点，我们总结为银行绩效管理发展的"四化"：一是战略紧密化；二是设计精细化；三是数据系统化；四是实施全员化。如图2所示。

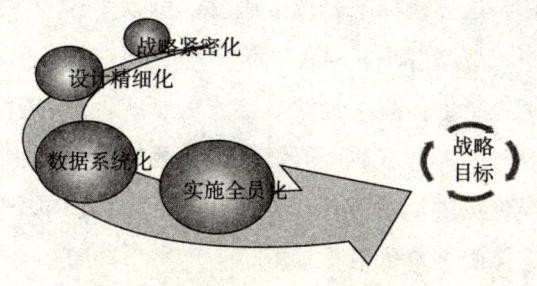

图2 商业银行绩效管理的"四化"

1. 战略紧密化

在帮助银行推行绩效管理体系的研讨中，我们曾向当时在座的中层管理者问了这样一个问题："我们当前推行个人绩效管理最主要的目的是什么？"有很大一部分中层管理者这样认为，有一些员工工作不主动，紧迫感不强，布置了任务执行力不够，往往是推一下，动一步，因此我们希望利用一个绩效考核的手段去解决这个难题，希望通过绩效考核实现奖优罚懒的作用，这样就可以调动员工的工作积极性，绩效考核就是解决管人难题的手段。这些观点并没有错，绩效管理确实能够起到调动员工积极性的作用，但这并不是绩效管理最首要的目的。绩效管理的英文是 performance management，而不是 people management，首要管理的不是人，而是绩效目标，是根据组织的战略层层分解的目标，目的也是实现目标。绩效管理过程包括四个循环：绩效计划、绩效实施、绩效考核和结果应用。所以实现组织目标是绩效管理的第一要务，是实施绩效管理体系应关注的中心。

如何通过绩效管理的循环实现组织目标呢？这就是我们谈的战略紧密化，也就是在绩效管理体系的设计时，应围绕着支撑战略实现要做的这些事进行，把这些事转变成绩效指标，层层落地，直到每一个员工。体现组织的战略，我们的绩效指标并不是机械地自上而下的指标分解，每一层指标的分解都应该有一个逻辑关系，要能够讲出一个战略落地的故事。我们曾经访谈了一个股份制银行的对公客户经理，问她有哪些明确的个人绩效指标，她说有存款、贷款、中收、国际业务，这几个都是较通用的指标。另外还有两类指标，一个是对公产品，有十几个小指标；还有客户群指标，这一指标把客户按照价值贡献度分为一般客户、价值客户、核心客户和战略客户，对不同价值等级客户的数量进行考核。这位客户经理的考核指标体现了经营战略。比如该股份制银行的战略里有重视客户价值管理，提升客户价值贡献度的战略举措，其战略实现的路径就是：客户经理提供优质服务，会提升客户体验，单个客户的价值贡献度会增加，总体的客户价值贡献度也会增加，同时还会吸引其他价值客户，价值客户的数量增加了，总体上就能体现银行在经营理念上从规模导向到价值导向的转变。有一些银行也重视 EVA，重视 RAROC 等战略性指标的考核，但往往把这些指标简单地分解到基层岗位，这是有问题的，而应该在每一层级，每一个岗位找到决定 EVA、RAROC 的驱动指标。具体到每一位岗位人员，这些指标应是简单、明确、易懂的。如图 3 所示。

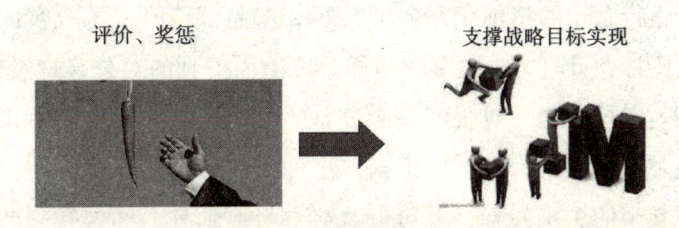

图 3　战略紧密化

2. 设计精细化

国内商业银行的绩效管理有其独特的地方，比如在设计绩效管理体系时非常强调公平公正性。有一个银行人力资源部的绩效主管曾说过，他现在很重要的一个任务是把上级行下的绩效指标，公平合理地分下去，如果大家都没有意见，这就是绩效管理的成功。他们曾经为十五个分支行制定绩效指标，定了一个原则，就是上级行下发的绩效指标，按照同样的模式下到每一个支行，各支行绩效指标都一样，权重也一样，这就公平了，大家不会有意见。后来发现，不同的分支行，其经营规模、所在地域、业务性质等差别很大，反而不合理。有一个支行在新的工业区，几乎没有个人业务，但是一直跟其他支行一样承担个人业务的指标。后来我们作为咨询方提出建议，对这个支行取消了个人业务相关指标，加大了对公业务的权重。随着绩效管理的精细化，现在各家行也开始实行"一行一策"、"一岗一策"，不同的分支行，不同的岗位，以承担和分解上级绩效指标为原则，均进行个性化的指标设计。比如在绩效考核结果中设计规模系数，来体现大小行的差别。对于市场风险不同的情况，设计风险系数和线性的计分方法，控制市场的波动性对绩效结果的影响。对前中后台不同岗位采用不同的绩效设计模型等。

银行绩效管理设计的精细化还体现在，随着银行经营理念的转变，银行经营逐渐从规模导向转向价值导向，更加注重价值管理，设计出了许多先进的价值衡量的工具和方法，在进行价值计算时能够分部门、分业务、分产品和分客户进行。比如有的银行，如要考核 EVA（经济增加值），必须计算出资本成本，他们的核算系统能够计算出每一个客户消耗的资本成本。这为银行的经营指标从组织分解到个人创造了条件。

随着银行管理的精细化，各个条线和产品部门开发了丰富的可供选择的绩效指标，计分方式也多种多样。以前面提到的对公客户经理为例，在他的绩效考核表里，对公产品部分是十几个指标，每个指标都有量化的目标值和计分方法。他可以根据自己的优势和自己所负责客户群的特点，完成其中的 3 项指标，就可以拿到满分。这样，绩效管理就充分考虑了不同岗位的差异性，避免了指标硬摊派的问题，可操作性更强了。同样一个绩效指标，可以从不同的角度进行考核，比如存款指标，既可以考核计划完成率，也可以考核增长率，还可以考核市场占比。如图 4 所示。

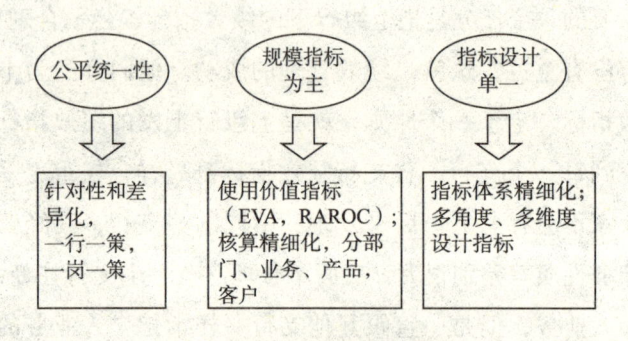

```
公平统一性          规模指标           指标设计
                    为主               单一
    ↓                ↓                  ↓
针对性和差         使用价值指标       指标体系精细化；
异化，             （EVA、RAROC）；   多角度、多维度
一行一策，         核算精细化，分部    设计指标
一岗一策           门、业务、产品、
                   客户
```

图 4　设计精细化

3. 数据系统化

绩效管理有时候执行得不到位，数据难以收集，可获得性不强，往往是很重要的因素。往往到考核周期末了，才去收集数据信息，费时费力，有时候还找不到。很多数据需要手工填报，使绩效管理成为负担。在这种情况下，如果考核到全员，工作量就会非常大。现在，这种状况已经有所改观，有的银行可以通过系统做到绩效考核表即时生成，绩效考核模板设计好以后，一线柜员每做一笔业务，绩效考核表的数据就相

应变动，到考核周期末，可以自动生成绩效考核结果。这种方式大大解放了劳动力，更有利于实施全员化的绩效管理。这是银行推行绩效管理可以很好利用的优势。

有的银行业务实现了系统处理，比如一线柜员处理的单据、凭证实现了通过影像传到后台集中处理，授权、审核、质检等都通过系统完成，工作的痕迹时时记录。这样，每天处理多少笔业务，每笔用多少时间，都可以准确地记录下来，这些都为精细化、量化考核到个人提供了有利条件。

各银行还专门开发了绩效管理相关的系统，比如中国银行的 PA 系统，中国工商银行的 MOVA 系统等，这些应用系统从银行的核心系统获取、分析数据，转换成绩效指标的数据。没有应用系统以前，客户数据资料都是分散到银行前中后台的各个业务流程里面的，统计起来麻烦得很，很多优良的绩效指标，因为搜集起来太麻烦而无法使用。有了系统以后，客户数据和操作记录都可以集中起来，通过系统分析，可以轻松得到想要的绩效数据。比如，有些绩效管理系统可以对客户相关数据分析以后，计算出每一个客户的价值贡献和资本占用情况，而客户的价值贡献和资本占用就是非常重要的战略性绩效指标。

当然，银行里绩效管理系统中数据的准确性和及时性还存在许多问题，还有想要的一些指标出不来。但这是一个趋势，信息化、系统化将来一定在银行绩效管理，乃至于经营管理中发挥越来越大的作用，会成为银行的核心竞争力。我们做银行绩效管理工作的人员需要更积极开放地参与到 IT 建设当中，利用好这种手段提升绩效管理工作的效率和效果。

4. 实施全员化

这主要是从管理者要求上来讲的，越来越多的管理者希望绩效管理考核到每一个岗位，每一名员工。原来绩效管理主要针对分支机构的一把手进行考核，一把手承担着最大的管理压力。为了更大地调动每一个人的积极性，有的银行明确了副手的职责和绩效指标，这是全员化实施绩效管理的首要一步，再进一步，明确组织中每一岗位、每个人的绩效指标。从重视管理者的考核到重视每一个员工考核，从重视前台业务人员到中后台岗位也要纳入到考核，商业银行的绩效管理全员化趋势正在释放人力资源的另一部分潜力空间。

在绩效管理实施全员化的过程中，与绩效管理相匹配的绩效工资兑现方式也面临着变革和优化。许多银行只有在年终决算以后，才能核算出可以分配的绩效奖金的总盘子，再逐级分配到各分支机构。这种分配方式只是明确了如何分配到各层组织，没有明确如何分配到个人，有两个弊端：一是激励的滞后性，要在财年结束后的很长一段时间才能拿到自己的绩效工资，激励效果由于时间的延后性已经打了折扣；二是激励的非直接性，每个人看不到自己的绩效结果跟未来能够拿到报酬的直接关系，因为绩效奖金的总盘子提前未知，并且分配到每个人身上的方式很多时候也是不明确的，员工不能清楚地知道自己的工作跟绩效奖金的关系。极端的情况下，个人工作做得再好，如果整体绩效工资盘子小或是没有，也拿不到太多的奖金。反之，个人工作做得再差，只要团队奖金盘子大，自己的奖金同样少不了多少，这使对每个人的激励力度也打了折扣。为了使组织压力更有效地传递到个人，把对个人的绩效考核落到实处，一些银行开始探索绩效奖金跟个人直接挂钩的方法，提前确定个人的目标奖金值，做到绩效目标完成情况与个人绩效工资的关系明确化，员工个人时时刻刻明白自己努力的结果与自己收入的关系，做到员工每完成一部分绩效指标，就能清楚地知道自己的奖金是多少。这种激励方式简单明了，在实践中取得了很好的效果。如图5所示。

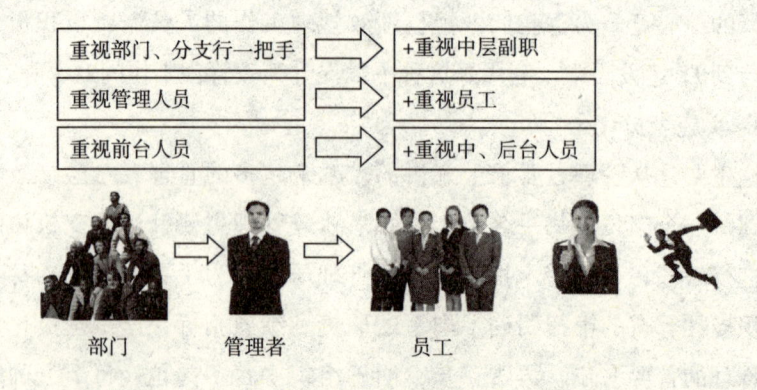

重视部门、分支行一把手	⇒	+重视中层副职
重视管理人员	⇒	+重视员工
重视前台人员	⇒	+重视中、后台人员

部门 　　管理者　　员工

图5　实施全员化

■ 人才体系篇

总之，银行的绩效管理需要紧紧围绕着战略紧密化、设计精细化、数据系统化和实施全员化，从组织考核深化到个人考核。这对我们各位从事银行绩效管理工作的人员提出了更高的要求，我们不仅仅要懂人力资源管理，还要懂银行的经营战略，熟悉各种精细化的业务数据，还要参与到 IT 系统的建设过程当中，使银行的绩效管理在经营管理中体现出更大的价值。

刊发于《中国薪酬》，2013 年 6 月

加薪的艺术

田效勋 / 文

加薪是激励人才的关键杠杆，但很多企业花了钱给大家涨工资，但没有起到应有的效果，甚至是引起了大家的不公平感，带来了负面效应。那么，如何加薪才能起到调动员工工作积极性的作用呢？本文主要从心理学的角度谈谈加薪工作需要掌握的技巧。

新员工加薪，意在促其提高技能、增加经验

新员工虽然在生活上需要基本的物质保证，但消费水平比较低，其工作动力主要来源于学习技能、增长经验。如果一开始加薪就将其收入水平定位较高，而在将来一段相对较长的时间内，这类员工的能力在迅速增长，但薪酬已经被框定，那时如不涨工资，会打击员工工作的积极性。因此，对新人加薪要适度，加薪依据主要看其技能的增长，目的是鼓励员工好好学习工作需要的知识和经验。同时，逐步加薪，也有助于降低这些人才的流失率。他们会看到在这家公司的希望：只要自己好好干，才能在增长，公司会考虑提高我的收入，我跳槽后的薪酬虽然可能会提高，但谁知道能不能稳步增长呢？

加薪，企业要承受得了，员工要感觉得到

涨多少工资才会有效果？涨多了，企业承受不了，涨少了，员工没感觉。在心理学上，有个概念叫感觉阈限，表示人对客观刺激的感受力，用阈限值来衡量。对一个月收入400元的电梯工而言，增加30元的工资，

对其来说就是一个很大的激励。她可以用这 30 元钱解决很多生活问题，如足够购买化妆品了。原来挣的钱只能满足基本生活需求，现在能够满足"爱美"这种进一步的需求了，当然，对她来说是个不小的刺激。但对于一个月薪 2000 元的工程师来说，增长 30 元的工资，对他可能没有什么感觉，甚至还会打击其积极性，还不如不涨。那么，如何把握涨工资的标准呢？一般来说，人们对薪酬差别的感受阈限值是 10% 左右，即工资增长 10% 左右会使员工比较明确地感觉到差异，也就会调动员工的工作动力。

加薪，要把握火候

频繁地加薪会给员工以更多的期望，时间久了很可能会使员工产生麻木感，降低了工资增长所期望的激励效果。此时，只有加大薪酬增长幅度才会使员工感觉到薪酬的增长。但是，这样会使企业的人工成本快速增加。企业如何把握给员工加薪的时机呢？一般有以下几种情况：

（1）物价上涨时。此时的薪酬增长应普遍提高，不要针对个别员工。

（2）员工的绩效和能力水平显著增长时。对于新员工，随着其工作经验的丰富和工作业绩逐渐得到认可，他们往往期望薪酬的增长。此时，如不增长工资，会明显地降低员工对工作的满意度，人才流失的可能性会大大增加。

（3）对于薪酬水平已经比较高的员工来说，不要一点一点地给他加薪。对他而言，基本生活水平已经得到满足，逐步加薪只会导向员工过多地考虑物质方面的激励。此时，应考虑缓加薪，减弱他对薪酬增加的关注，而一旦涨工资，就让其明显地感觉到变化。

在涨工资时，可以提前把规则说清楚。很多时候，快乐来源于对快乐的期待。一个员工在一年前就获知，如果明年干得好，就会涨工资 15%，那么，他就会在这一年里好好干。如果在涨工资一个月前才宣布规则，则会耽误了十一个月的激励期，还会使员工抱怨你没有事先划定规则。

加薪，要计算比较率

企业不能关起门来涨工资。员工对薪酬增长的期望，在很大程度上取决于外部薪酬水平的影响。特别是对于那些专业性比较强的岗位以及市场类人员来说，他们更可能乐于拿自己的工资和市场的薪酬水平进行比较。因此，在加薪时，了解市场的薪酬水平是非常重要的。在薪酬设计中，有一个重要的参数——比较率。其计算公式为：公司员工的平均薪酬水平/行业同层次员工的平均薪酬水平。当比较率大于1，说明公司员工的平均薪酬水平超过了行业同层次员工的平均薪酬水平；比较率小于1，则说明前者低于后者；等于1，两者相等。

以诺基亚公司为例。该公司每年都会请专业的薪酬调查公司进行市场调查。根据这些调查数据，对企业不同层次的员工薪酬水平作适当调整，使每一个层次的比较率都能保持在1~1.2的区间内。

加薪不如发奖金

企业不可能无限制地给员工涨工资。从员工心理上分析，定期得到固定的收入，不如不定期地得到奖金来得刺激，因为固定工资是依据岗位评估，结合员工本人的能力来确定，是企业对员工能力和岗位的认可。从图1可以看出，经理甲的固定收入确定为3500元，这是由他的能力决定的，只要他的能力达到这种水平，他就应该拿到相对应的薪酬水平，否则他会到别的企业去求职，因为市场上这种能力水平的工资水平会基本相同。但是，奖金就不一样了，它是对员工业绩和工作努力程度的激励，只要业绩突出和工作努力，经理乙的奖金可能会比经理甲多，因此奖金的激励作用会更大。来自企业的经验发现，给员工增加工资的头三个月，能明显感受到工资增长给他带来的激励作用和增加他的工作动力，但三个月以后这种刺激会直线减弱，就是因为员工会觉得增长的这部分工资是他应该得到的，是他的能力达到了相应的水平。

人才体系篇

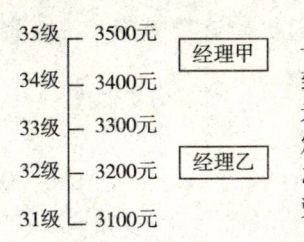

```
35级 ─ 3500元  ┌─────┐    一家公司财务经理的薪酬等级31级
34级 ─ 3400元  │经理甲│    到35级，工资范围从3100元到3500
33级 ─ 3300元  └─────┘    元，其中经理甲由于能力优秀，被
                ┌─────┐    定为35级，工资是3500元，而经理
32级 ─ 3200元  │经理乙│    乙由于能力较弱，被定为32级，工
31级 ─ 3100元  └─────┘    资是3200元。
```

图1

因此，在同样情况下，企业将可能的工资增长转化为不定期的奖金会收到更好的激励效果。这种奖金的发放一般是和公司鼓励的绩效结果或者行为紧密挂钩的，因而很好地通过奖金这个杠杆落实了公司的策略。当然，如果公司的整体薪酬水平在市场上本来就不具备竞争力，还是考虑将基本薪酬涨到适当的位置，同时考虑奖金杠杆的应用。

加薪，要找准对象

企业的加薪都会在一定的额度内进行，将有限的额度涨给谁会起到更好的激励作用呢？这常常是企业比较头痛的问题，有的企业采取普调的方式，人均增长5%，很显然这种撒胡椒面的方式是最省事，同时也是效果最差的，起不到任何激励作用。有的企业采取上述优先考虑重点人才的方式，使薪酬比较率随级别升高而递增。这种方式具有较强的引导性，但稍显不公平，因为级别低的员工也有干得很突出的，如果完全按照这种方式涨薪对他们是一种打击，因为无论如何努力他都不可能突破事先设定的比较率。从心理学角度来分析，有没有更好的方式呢？如果我们分析一下员工的心理会发现下面两种情景下的员工最迫切涨工资，涨工资激励作用也是最明显的：能力被低估或能力有明显提升的人；业绩突出的人。因此，最佳的涨工资方案是通过这两个维度来共同确定员工是否涨工资，以及涨工资的幅度大小。仍以图1为例，经理甲目前的个人定级是34，而财务经理的最高级别是35，两者间的差距为1，而经理乙目前的个人定级是32，与财务经理的最高级别的差距是3，如果两人的年终考核结果都为优秀的话，很明显更应该给经理乙涨工资，如果都要涨工资的话，经理乙的涨幅应该大于经理甲。

刊发于《企业管理》，2005 年 5 月

■ 人才体系篇

"涨薪时代"企业薪酬管理何去何从

张登印 / 文

近年来，为应对物价上涨，企业工资指导线都比往年增加了许多，甚至劳动部门公开建议企业提高员工工资，这更给无数在企业工作的普通务工者以无限期待。于是在公务员工资频频调整的影响下，社会各界均议论纷纷，似乎真的要进入全民涨薪时代。

薪酬，涨还是不涨

某食品企业的老总一贯奉行业绩导向的薪酬管理策略，其观点是：业绩好了，收入可以大涨特涨，业绩差了，有些人可能还会降薪，甚至是下岗。企业首要的目标是生存和发展，如果企业难以维持，涨薪则无任何意义。在前几年的成长期，该食品企业的这种薪酬管理理念确实刺激了员工的积极性，对企业的发展做出了突出的贡献。该企业一个业务代表曾经可以拿到比经理还高的绩效奖金。业务部门的人员都拼了命地跑市场，拉订单，公司的业务突飞猛进，不到两年就走在了竞争对手的前列。近两年来，食品市场不再好做，去年业绩较前年只有略微的增长，今年半年下来，业绩较去年同期还略有下降。公司的高业绩和奖励的激励政策成了摆设，失去了其应有的辉煌。因为大家都知道，按照公司的经营目标，很难拿到绩效奖金。而大家收入的固定部分，一直都很低，近三年来都没有进行过调整。看着物价在飞涨，而钱包却渐渐地瘪下去，该企业的军心有点动摇了。

一个企业在市场竞争环境中生存，不能脱离市场环境进行决策。当企业制定发展战略和市场营销计划时如此，在企业的薪酬决策上也是如此。制定企业的薪酬政策，第一个要考虑的是薪酬体系的竞争性原则，即本公司的薪酬是否在市场上有足够的竞争力，能否吸引到人才，是否足够把优秀人才留在企业里。在当前人才高度市场化的环境里，人才竞争早已成为企业竞争的一部分，如果企业的老板还仅仅只关注产品的市场，忽略了人才的竞争，企业就会缺少发展的后劲，因为再好的产品计划和营销策略，缺少优秀的人才去执行，也只能是空谈。

以前文引述的食品企业为例，在当前物价高涨，而公司的激励措施不能给员工带来足够的收入的情况下，确实应该针对市场的变化对公司的薪酬政策进行调整。在一个普遍涨薪的年代里，各家企业、事业单位、公务员都在涨工资，而唯独一个企业没有动作，工资水平不上涨，那么比较起来就是在下降。即使公司在涨薪的时代背景下没有任何动作，但是市场的变化却已经令公司的薪酬成为一个负激励措施，必然会造成"人往高处走"，等到人才流失了再采取措施，为时晚矣！

在"涨薪时代"里，企业薪酬的调整已经成为必然趋势。

薪酬，涨多少合适

"涨薪时代"已经来临，企业不得不站起来应对这一严酷的局面。许多企业不得不在已经因原材料涨价造成的巨大成本压力上再加上一笔，来提高员工的收入水平。

但是，单纯的涨薪也未必能够获得较大的员工满意度。一个企业考虑到物价上涨的因素和人才流失现象，加大了人力成本的投入，在年初将员工工资上调20%。然而半年之后，人力资源部组织对员工进行满意度调查，发现一些员工对公司的政策并不太买账，他们认为工资虽然涨了，但消费水平提高很快，实际上并没涨多少。从上述例子可以看出，单纯的涨薪，如果操作不当，同样得不到提升员工满意度的效果。

同样是涨薪，操作得好与不好，效果上会有很大的差异。薪酬在任何一个企业里都是很敏感的，绝少有人认为自己的收入拿的太高，这正是薪酬管理的难题之一，也就是要合理地管理员工的期望。为了处理好这一问题，企业涨薪应该"有的放矢"，避免盲目涨薪。在涨薪之前，应该做好如下工作：

1. 明确公司的薪酬策略

涨薪之前应该对市场薪酬有一个了解，特别是本行业内薪酬状况的了解。具体做法上，如果想了解得比较全面，可以做一个正式的薪酬调查，了解本公司相关岗位在市场上平均的薪酬水平和预期的增长幅度如何？以此作为薪酬增长的依据，而不是靠企业领导者或人力资源部拍脑袋确定工资增长的幅度。

市场薪酬情况了解清楚之后，公司需要确定一个薪酬竞争的策略。薪酬竞争策略有三种：领先策略、平均策略和跟随策略。如果公司有足够的资金实力，希望高薪吸引人才，可以采用领先策略，使自己公司的薪酬水平高于市场上大多数企业的水平。如果公司资金实力有限，也可以采取跟随策略，使自己公司的薪酬水平稍低于市场上平均的薪酬水平，这样的策略使本企业既避免了人才大量流失，又节约了人工成本。中间的做法是采取平均策略，使本公司的薪酬水平与市场上的平均水平相差无几。

总之，涨薪应该有市场薪酬调查的依据，同时有明确的薪酬竞争策略，这些策略与公司整体的经营战略相一致，并在公司的各个层面达成共识。这是薪酬管理遵循的原则，也是更好地向员工解释的基础。

2. 向员工讲明公司的涨薪理念

企业为员工加薪，但是却没有增加员工的满意度，这种现象并不罕见。产生这种现象的一个重要原因就是薪酬理念的宣传不到位。一个企业设计薪酬管理体系，第一步要做的就是公司薪酬理念的确定。薪酬理念与公司的人力资源战略，乃至公司整体的经营战略都是一体的，这些理念必须在全体员工中不断地进行宣讲，使大家形成共识，随后的各种政策和制度才会易于为大家所接受。

就涨薪来讲，应该向员工讲清楚我们为什么选择这样的薪酬调整幅度，公司的决策是基于什么样的市场数据和公司的实际经营情况与战略，进而讲清楚不同职位、不同业绩在涨薪过程中的影响等，打消员工心中的顾虑和猜测。在这个过程中往往是原则和程序的公平，薪酬数额保密。

企业面临困境，薪酬将如何

企业经营业绩好，或者资金充足，涨薪不是什么太大的难题，只要操作适当就行了。但是当企业的经营效益不太理想，还要进行涨薪时，则会让企业的管理者犯难。

第一，企业不得不应对涨薪的问题。人力成本与其他任何一项成本比较起来，其投入产出的弹性是最大的。比尔·盖茨说过，如果让他带走现在微软公司的一百个人，他能够再造一个微软。牛根生靠着原来在伊利工作过的一些同事，空手起家，开创了蒙牛产业。现在行业里已经形成共识，人力成本应该看作人力资本，对其适当的投入可能带来非常丰厚的回报。因此即使企业经营困难，涨薪都是应该的，当然，要看怎么把握涨薪和企业经营之间的关系。

第二，涨薪要与企业的人才战略相配合。企业首先要能生存，这是全体员工的收入之本。企业要想生存，必须想办法首先调动企业战略性人才的积极性，比如企业的中高层的管理者、技术骨干人员或一线销售人员。根据管理的二八原则，企业效益的80%是由20%的骨干人才创造的，公司的资源有限时，不得不把资源向对公司影响最大的人才队伍里倾斜。实际操作过程中必须处理好公平性的问题，因为没有进入"战略性人才队伍"的人员可能会有失落感，如果处理不好，会造成企业内部的不公平感，影响整个企业的运作效率。毕竟每一个岗位上的人员都有其不可替代的作用。

这里有两项工作必须做好，一是结合公司的经营战略建立一套科学合理的岗位评估体系，利用这套岗位评估工具客观公正地评估企业内部各岗位的价值，岗位评估的诸因素与企业的经营战略相一致，保证对企业价值大的岗位评出较高的分数。但必须在同一个尺度下进行评估，使员工感到这样做确实合理、公平，是为了整个企业的经营发展着想，而不是人为制造不公平。二是结合市场薪酬调查的结果确定不同岗位的薪酬标准，市场上重要的岗位，薪酬水平自然会高。公司进行薪酬调整时以市场为依据，尽量避免人为因素的影响，也会易于为大家接受。

第三，强化绩效考核与薪酬激励体系。人力成本转变为人力资本，必须以有效的激励措施为前提。如果薪酬体系缺少激励作用，不符合企业经营的实际，投入的人力成本就只会是成本，不会带来应有的回报，甚至会起到消极的作用。所以，如何用好绩效考核和薪酬激励这根杠杆，让投入的每一分钱发挥出最大的价值，这一点非常重要，尤其是在资源有限的情况下更是如此。

"涨薪时代"是企业不得不面对的一个竞争环境，涨薪的问题对许多企业来说都是一个挑战。当企业都面临挑战的时候，只有那些不仅善于进行企业经营运作，而且善于进行内部管理，善于运用有限的薪酬资源对人员进行激励的企业才更容易立于不败之地。

刊发于《新资本》，2008 年 6 月

以绩效管理点燃客户经理的热情

李 颖/文

作为与客户的直接纽带，客户经理的工作积极性和业绩水平直接关系到商业银行业务发展的速度和质量。要真正发挥客户经理的作用，需要解决两个问题：能力和动力。其中，能力问题可以在一定程度上通过各种培训解决；而动力问题则需要通过激励方式进行解决，即制订切实有效的客户经理绩效管理办法。

两大棘手问题搁浅公司客户经理绩效管理

1. 存量客户的分配难

客户是银行的利润源泉，存量客户资源的初始分配决定了公司客户经理的业务范围和规模，进而决定了他们可能创造的价值和自身收益。

存量客户资源的分配是实施公司客户经理绩效管理必不可少的第一步，因为存量客户资源的初始分配决定了他们可能创造价值和自身收益的空间。存量客户难以分配主要有两个原因：一是存量客户无法与客户经理之间建立令人信服的"一一对应"关系，需要依靠行政指令人为划定。存量客户与银行发生业务往来，主要是基于对银行品牌、长期信任关系、系统及服务的便捷性等整体因素的认同，并非完全是通过某个客户经理本人的关系或营销而来的。二是很难对存量客户进行合理组合。存量客户在行业背景、经营状况、业务挖掘潜力、与银行关系的远近亲疏上千差万别，无法准确衡量和比较，只能凭经验将优、良、中、差的存量客户进行搭配，分给客户经理。由于缺乏客观科学的划分标准，势必会形成客户经理之间的利益差异和不公平感。

2. 客户经理的业绩衡量难

确定和衡量客户经理创造的价值或所起到的作用是解决客户经理绩效管理问题的核心。

对于客户经理的业绩衡量主要有计划完成率法、收入（利润）法等方法，无论采用什么样的衡量方法，都会遇到一些棘手的问题，使得客户经理业绩衡量的科学性和准确性受到挑战。

第一，客户经理在客户拓展与维护工作中的贡献难以量化。首先，客户（尤其是重点客户）的营销，往往需要集中全行的人力、物力、政策资源进行联动营销，客户经理对最终结果的贡献很难评价；其次，客户经理虽然在营销和维护客户上付出了很多努力，但最终结果往往会受到许多外在因素的影响，比如，经济形势、国家政策等。因此，客户经理的贡献难以准确地衡量。

第二，需要管理者坚持做好日常的基础数据收集工作。绩效考核是需要付出成本的，包括系统成本、人力成本等诸多方面。尤其是对客户经理的考核，需要时时、准确地登记每位客户经理所负责的每个客户在存款、贷款、中间业务等方面的详细业务办理信息，同时还需要在时点、日均等口径上进行转换和计算。在银行里，有许多重要的工作需要各级管理者决策和处理，所以，各级管理者还不习惯或者没有时间去进行这些琐碎细致的日常数据管理工作。

解决之道

1. 引入竞争机制，公平分配存量客户

存量客户的分配问题，可以引入相对公平的竞争机制，即通过存量客户的竞标来解决。具体可以通过如下三个步骤进行操作（如图1所示）：

为方便说明具体过程，假设该行有五个客户，行内对公司业务部的考核指标、权重、目标分别如表1所示：

```
第一步：按客户分配任务，计算各客户的任务
       贡献度

第二步：A、B角客户经理竞聘

第三步：计算各客户经理的任务贡献度
```

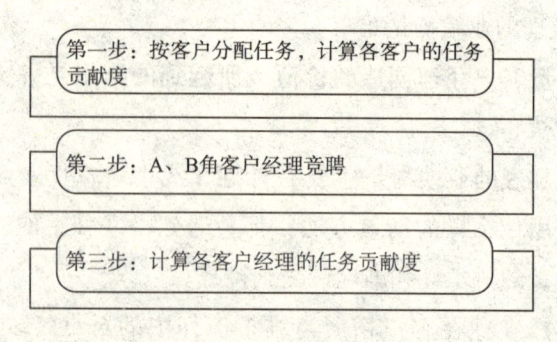

图1

表1　公司业务部目标

考核指标	权重	目标
贷款	15%	100 100 000.00
存款	50%	41 720 000.00
中间业务收入	35%	3 916.66

注：考核指标既可以指具体的业务发展指标，也可以是利润指标，但操作步骤和方法是一致的，本文以具体的业务发展指标作为考核指标来进行举例说明。

第一步：盘点存量客户，按客户分配目标，并计算任务贡献度

首先，列出本行的存量客户（可以不含规模小、非重点客户）清单，对各户的情况进行摸底、盘点，根据本行对公司业务部下达的目标，分解确定每个客户的目标，具体分解情况如表2所示：

表2　各客户目标分解表

公司业务部目标	具体衡量指标	贷款（元）	存款（元）	中间业务收入
	权重	15%	50%	35%
	总目标	100 100 000.00	41 720 000.00	3 916.66
	客户一	77 000 000.00	32 184 000.00	2 342.50
	客户二	15 400 000.00	5 960 000.00	655.90
	客户三	5 390 000.00	2 086 000.00	421.65
	客户四	2 310 000.00	953 600.00	187.40
	客户五	0.00	536 400.00	309.21
	目标汇总	100 100 000.00	41 720 000.00	3 916.66

然后，根据每个客户的目标，确定其对公司业务部目标的贡献度。

例如，客户一对公司业务部的任务贡献度＝客户一贷款目标/贷款总目标×贷款指标权重＋客户一存款目标/存款总目标×存款指标权重＋客户一中间业务收入目标/中间业务收入总目标×中间业务收入指标权重＝77 000 000/100 100 000×15%＋32 184 000/41 720 000×50%＋2 342.5/3 916.66×35%＝71%。如表3所示。

表3 各客户具体任务贡献度

各客户任务贡献度	具体衡量指标	贷款贡献度	存款贡献度	中间业务收入贡献度	总贡献度
	权重	15%	50%	35%	
	客户一	76.9%	77.1%	59.8%	71.0%
	客户二	15.4%	14.3%	16.7%	15.3%
	客户三	5.4%	5.0%	10.8%	7.1%
	客户四	2.3%	2.3%	4.8%	3.2%
	客户五	0.0%	1.3%	7.9%	3.4%
	汇总	100.0%	100.0%	100.0%	100.0%

第二步：针对客户，进行A、B角客户经理的竞聘

向客户经理公布各存量客户的目标分解、任务贡献度、任务贡献度对应的绩效分配系数、A、B角客户经理贡献分配系数等详细信息，然后由客户经理和公司业务部进行双选竞聘。任务贡献度对应的绩效分配系数、A、B角客户经理贡献分配系数分别如表4和表5所示。此外，需要事先设定竞聘的基本原则，例如：

- A角客户经理竞聘：公司业务部和客户经理的双选确定每一客户的A角客户经理。

表4 任务贡献度对应的绩效分配系数

任务贡献度	绩效分配系数
50%以上	1.2
25%～50%	1.1
15%～25%	1.0
15%以下	0.9

表5　A、B角客户经理贡献分配系数

角色	贡献分配系数
A	70%
B	30%

- B角客户经理竞聘：该客户A角客户经理和竞聘B角的客户经理双选确定每一客户的B角客户经理。
- 任务贡献度在10%以上的客户，必须有A、B角客户经理各一人。
- 任务贡献度在10%以下的客户，可以允许没有B角客户经理。
- 同一岗位的竞聘者少于3人时，竞聘结果无效，公司业务部调整后重新进行竞聘。
- 允许客户经理兼任其他客户的B角客户经理，但最多不能超过3户。
- 竞聘结果在半年内不作调整，半年以后，允许各A角客户经理提出更换其B角客户经理的申请。

通过客户经理和公司业务部的双选竞聘，得到了存量客户的分配表，见表6。

表6　存量客户分配表

客户名称	A角客户经理	B角客户经理
客户一	赵	李
客户二	钱	周
客户三	孙	赵
客户四	李	孙
客户五	周	钱

第三步：计算客户经理的任务贡献度

根据存量客户分配情况、各客户的任务贡献度、A、B角客户经理贡献分配系数等，计算各客户经理的任务贡献度，计算公式如下：

某客户经理的任务贡献度 = 其为A角客户经理的客户任务贡献度×70%
　　　　　　　　　　　+ 其为B角客户经理的客户任务贡献度×30%

例如，客户经理赵的任务贡献度 = 赵为 A 角客户经理的客户任务贡献度 ×70% + 赵为 B 角客户经理的客户任务贡献度 ×30% = 71% ×70% + 7.1% ×30% = 49.7% + 2.1% = 51.9%。如表 7 所示。

表 7　各客户经理的任务贡献度

赵		赵		…	周		周	
A		B		…	A		B	
客户名称	贡献	客户名称	贡献	…	客户名称	贡献	客户名称	贡献
客户一	71.0%	客户三	7.1%	…	客户五	3.4%	客户二	15.3%
49.7%		2.1%		…	2.4%		4.6%	
51.9%				…	7.0%			

2. 审时度势，绩效考核工具灵活设计

本文针对计划完成率、收入（利润）法这两种常见的方法，提出具体的改进措施。

（1）计划完成率。

计划完成率是考核客户经理的常用方法，但需要对计划完成率的极端情况进行控制。如果由于宏观调控政策对行业的影响，导致计划完成率很低，譬如低于 50% 时，结果必然会挫伤该客户经理的工作积极性。相反，如果由于外部因素，计划完成率很高，譬如高于 150% 时，结果必然会挫伤其他客户经理的工作积极性。要解决这一问题，就需要设置一个"开关"，来对极端情况出现的原因进行判定，根据不同的原因适用不同的计算公式。具体的设计如表 8 所示。

表 8　计划完成率得分计算表

计划完成率	原因判定	采取措施	得分计算公式
150% 以上	客户经理自身因素为主		基本分 × 计划完成率
	外部因素为主	启动封顶计划	基本分 ×1.5
50% ~ 150%			基本分 × 计划完成率
50% 以下	客户经理自身因素为主		基本分 × 计划完成率
	外部因素为主	启动保底计划	基本分 ×0.5

（2）收入（利润）法。

收入（利润）法是指以客户经理所维护客户给银行带来的收入（利润）来考核客户经理。由于收入（利润）除客户经理自身的努力外，还受行业类别、客户类别、业务类别的影响，为了公平起见，在计算收入（利润）时需要排除这些影响因素。

行业类别主要指该行业在当地经济环境中的成熟度和规模，如果某行业在当地是龙头产业，那么各家银行都会投入大量的资源来营销，客户经理的作用就相对减小；如果某行业在当地是新兴的或小规模行业，各家银行投入的资源就会少，因此，需要客户经理付出更多的努力，其作用就相对较大。

客户类别分为存量客户和增量客户。如果是存量客户，表明客户经理是在一定基础上开展工作；如果是增量客户，那么客户经理需要从头做起，客户经理在前者的作用自然要大于后者。

业务类别主要指存款、贷款、中间业务等，不同的业务占用行内资源、受行内政策的影响各不相同的。因此，客户经理在与客户做不同的业务时，自身所起的作用也是不同的。如表9所示。

表9 客户经理贡献系数表

行业类别		客户类别		业务类别	
行业类别	系数	客户类别	系数	业务类别	系数
成熟行业	0.002	存量	0.001	贷款	0.001
待发展行业	0.005	新增	0.007	存款	0.002
				中间业务	0.007
				……	……

通过规定灵活的、差异化的贡献系数，可以使以收入（利润）来考核客户经理时，更加真实、贴切地体现出客户经理创造的价值。

客户经理创造的总收入（利润）＝Σ 单笔业务的总收入（利润）

×行业类别贡献系数

×客户类别贡献系数

×业务类别贡献系数

此外，对于客户经理绩效考核基础数据的日常统计问题，一方面，需要转变各级管理者的管理意识和工作习惯，使日常管理工作逐步精细化、规范化；另一方面，各级管理者可以指定专人，负责登记手工台账。当然，如果借助计算机技术，将现有的客户管理系统、业务系统、客户经理基础信息系统整合起来，则能更好地降低成本，提高计算的准确性和效率。

实践证明，越是深入到微观层面，绩效管理体系的设计难度就越大。除了本文提到的两大棘手问题之外，在商业银行公司客户经理绩效管理的具体操作过程中，还会遇到许多特定环境下的具体细节问题，需要绩效管理的设计者和实践者认真对待，因地制宜地提出解决方法。一个科学的绩效管理办法必定能够点燃客户经理的工作热情，为银行创造出更大的价值。

刊发于《现代商业银行》，2009年7月

员工才是开启绩效管理魔方的金钥匙

柯学民 / 文

在绩效管理中最苦恼的事情，莫过于精心设计的方案得不到员工的认可，无法调动员工的积极性。最近做了几个商业银行分支机构的绩效管理项目，在调研中我们发现这样一些现象：

- 类似的方案，在不同的分支机构会得到完全不同的效果，同样的方案，在同一分支机构的内部不同部门间会产生完全不同的效果；
- 看似不合理的方案，有的能起到非常好的效果，看似合理的方案，却不一定就能起到明显的效果；
- 管理者煞费苦心制订出来的方案，员工不一定认可，而上下级之间达成的简单协议却得到最大程度的执行。

进一步的调研和分析，我们还能发现这样的特点：

- 凡是效果好的分支机构或部门，员工对绩效结果的满意度也高，两者之间有非常高的相关性；
- 凡是效果好的分支机构或部门，在方案制订过程中，上下级之间就方案本身会进行充分的沟通。

注：效果是指分支机构或部门年度绩效结果评价。

因此，我们可以初步推导出这样的规律：好方案不等于好效果；员工参与程度决定对方案的认可度，影响整体绩效。

为什么会出现这样的现象呢？

从心理学的角度来分析，比起上级部门单方面制订，员工被动接受的方案，员工往往更信任由自己亲自参与制订的方案，也更容易理解和执行。因此，要提高员工对绩效考核方案及分配结果的公平感，就要提高员工参与程度。支行应引导员工以积极的心态广泛参与到绩效管理的全过程中，共同参与讨论，并确定绩效考核办法的目标任务及各项指标计价或计分的标准等。

因此，我们认为"员工才是开启绩效管理魔方的金钥匙"，只有调动员工参与到整个方案的制订过程中，才能真正调动员工的积极性，才能发挥绩效管理的激励作用，从而带动整个组织绩效的提升。

道理虽然很简单，但真正做起来却并不容易。

首先，要转变绩效管理工作的重点。

一般而言，在组织中推行绩效管理时，我们更多的是从组织需要的角度出发，将更多的精力放到了绩效管理方案和流程的制订、管理者的能力提升等方面，而较少考虑员工在绩效管理中的作用。因此，我们需要将工作重点部分放在如何发动员工参与方案的制订过程中来。譬如调研中，某支行营业部主任非常头疼的一件事情：如何制订大堂经理与柜员之间的分润机制。虽然这位主任每年年初都会非常认真地研究这件事，针对各种可能性制订相应的分润比例，但方案公布后柜员和大堂经理并不领情，总认为在某方面对自己不公平而更偏袒对方。另外，现实中情况太复杂了，总有想不到的地方，常常由此出现矛盾。

针对这种情况，我们的建议：与其让主任冥思苦想，不如让柜员与大堂经理共同参与到规则的制订中来，让他们之间达成协议，形成应对新问题的协商机制。当然，制订出来的规则可能与主任想出来的差不多，甚至不如主任想的周全，但效果会完全不一样。

其次，要转变管理理念。

变上下级之间"管与被管"为"共同管理"的关系。譬如：调研中，某家商业银行省分行在制订二级分行绩效考核方案时，作为条线管理部门，每年的任务分配都是一件很头疼的事情，无论条线管理部门如何想方设法做到公平、公正，总有部分分行行长认为对自己不公平，尤其当年终的考核结果出来以后，结果不好的分行行长总会抱怨年初任务分配不合理，分配过程不透明。

针对这种情况，我们的建议：条线管理部门需要改变习惯性的管理方式，不能关起门来制订规则。在任务分配前，让所有二级分行行长参与到任务分配机制的讨论中来,如果大家基本认可规则,以后无论任务是多少,按规则分配就行。

最后,形成更开放的管理文化。

当然,要做到上面两点,需要在各级分支行建立一种更加开放的管理文化。充分相信员工,相信他们有把工作做好的积极性,相信他们有把工作做好的能力。在此基础上,形成能听取各方面意见的管理文化,只要想法对,无论其级别、分工、行龄都能得到应有的肯定和尊重。

没有哪种方案是十全十美的,能调动员工积极性的方案才是最佳方案,如何让员工在绩效管理过程中有充分的参与感,是我们做好绩效管理工作的关键。

刊发于《中国薪酬》,2012 年 12 月

■ 人才体系篇

提高薪酬水平一定能留住人才吗

张 莉/文

　　A公司是一家致力于新兴产业的民营企业。在创业初期，抓住了国家宏观政策调控的发展机会，积极引进国外先进技术，在近几年迈上了发展的快车道，在行业内逐步建立起自己的品牌影响力。几年之后，员工由原来的几十人发展到几百人，业务收入由原来的每年几千万元发展到每年几个亿。企业大了，人也多了，但公司领导明显感觉到，大家的工作积极性越来越低，也越来越计较。而且员工的流失率也在增加，特别是一些骨干员工跳槽到其他企业，给企业造成较大的不良影响。公司老总M先生一贯注重思考和学习，也愿意接受大家的建议。针对这种情况，公司人力资源部提出建议，认为主要是薪酬水平偏低，应该给大家调整薪酬了。老总想，公司发展了，确实应该考虑提高员工的待遇，一方面是对老员工为公司辛勤工作的回报，另一方面是吸引高素质人才加盟公司的需要。他要求人力资源部拿出薪酬调整方案。人力资源部经过一番调查，提出了员工薪酬调整方案，该方案实施后薪酬总额增加了40%。

　　薪酬调整方案实施后，效果并不理想。涨薪的员工并没有很满意，没有涨薪的员工心里很不平衡，人力资源部成了最热闹的地方，天天有很多的员工来问薪酬的事情，"为什么没有给我涨？""为什么他比我涨得多？"还有一些员工直接拿着辞职报告来到人力资源部。这是怎么啦？A公司提高了薪酬水平却没有换来员工的满意，甚至负面的作用更大。公司领导陷入两难的困惑境地，既苦恼又彷徨，不知所措。那么症结在哪儿呢？

　　该企业老总委托外部咨询机构为其做了全面的企业管理诊断。咨询师经过深入调研发现公司涨薪的效果不理想，并不简单是薪酬水平的问题，它是各种因素交织在一起的综合结果。企业在发展过程中，由于人力资源的基础性工作有严重缺陷，薪酬矛盾越来越突出，严重影响了企业对人才的竞争性要求。由于管理基础薄弱，单纯依赖提高薪酬水平，其结果必然会产生问题。

一、问题诊断

智鼎公司经过多年企业管理咨询的实践，总结并揭示出企业高绩效人力资源系统的"密码"：CODE 模型。这是我们进行企业诊断的有效工具。如图1所示。

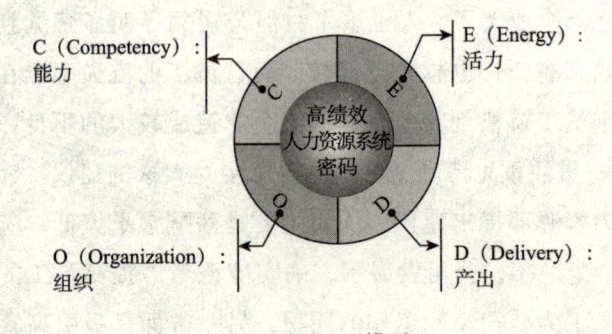

图1 CODE 模型

CODE 模型的核心是相互支持和衔接、共同贡献于高绩效人力资源系统的四个因素：

- C（Competency）：能力，主要关注管理层的能力和核心人才的能力，包括能力的规划、识别、评价和发展。
- O（Organization）：组织，关注的是分工协作的结构体系，包括定岗、定编、定员以及关键业务流程梳理。
- D（Delivery）：产出，界定的是关键业绩指标系统，是行为的指挥棒。
- E（Energy）：活力，是指组织和人的精神状态，包括薪酬、晋升等激励体系构建和企业文化建设。

■ 人才体系篇

我们运用 CODE 模型对该企业进行了深入调研与分析，其存在的主要问题在四个方面都有，在此我们把与 E（Energy，活力）这个维度相关的薪酬问题归纳如下：

问题一：岗位不明晰，导致调薪不科学

由于缺少科学、客观的评价标准，职位界定不清晰，岗位说明流于形式，升职与加薪基本上靠各部门管理者主观掌握，裙带关系以及溜须拍马盛行，岗位不明确导致个人责任权利的不对等，而且使内部的薪酬严重失去平衡，使薪酬矛盾加剧。

问题二：对内不公平

研究发现，人们关心薪酬差别的程度有时甚于关心薪酬水平，然而个人能力及其工作职务的区别必然带来个人薪酬的差别，如何使这种差别做到既鼓励先进又能被大部分人接受呢？这就要求薪酬管理必须遵循"公平和公正的基本原则"。不同部门之间或者同一个部门不同人之间，个人的薪酬水平必须反映岗位职责的区别和个人能力的大小，也就是薪酬差别合理。

而该企业内部由于人力资源管理基础薄弱，没有科学合理的薪酬体系，公司内部薪酬的不公平，造成不同部门之间以及相同部门个人之间权利与责任不对等，使部分绩优员工进行内部比较时心理失衡，严重影响士气，也打击了个人工作的积极性，甚至产生离职的念头，而这种负面情绪在企业内有很强的传染性，导致该企业薪酬增长并未带来相应效益的增加。

问题三：薪酬结构不合理

薪酬结构是指薪酬的构成，即一个人的工作报酬由哪几部分构成。一般而言：员工的薪酬包括以下几大主要部分：基本薪酬、绩效薪酬、津贴、福利等。

- 基本薪酬。在公司内部，员工之间的基本薪酬差异是明显的，一般能升不能降，表现出较强的刚性。企业中常出现的问题包括以下两方面：部分职位本薪大大低于市场水平，解决个人收入差异主要靠加班；某些司龄较长者基本薪酬过高，对这部分人薪酬失去了弹性。
- 绩效薪酬。薪酬反映员工的工作业绩的部分为绩效奖金，薪酬反映公司的经济效益部分为效益奖金。在该公司绩效奖金及效益奖金的缺少导致薪酬与工作业绩、经济效益脱节。
- 津贴。津贴设置不合理，对一些特殊的工作岗位缺少补偿，同时也使薪酬失去了其灵活性。
- 福利。福利应是人人都能享受的利益，它能给员工以归属感。福利特别强调其长期性、整体性和计划性。而该企业福利体系的不完善及缺少整体规划，则让员工普遍对企业缺乏归属感。

问题四：过多重视了物质薪酬管理，而忽略了员工心理薪酬建设

员工的心理收入就是指员工个人对企业及其工作本身在心理上的一种感受，属于非经济性报酬的范围，它包括职业安全、自我发展、和谐工作环境和人际关系、晋升机会，以及地位象征、表扬肯定、荣誉、成就感等，这些因素才具有激励性作用，而物质薪酬只起到保健性作用。该企业的人力资源部关注物质重于员工的心理报酬，结果导致企业虽然给员工调整到较高的薪酬水平，但员工忠诚度、满意度仍然不高，流失率居高不下。

二、问题解决办法

以上这些薪酬问题，不能单纯依赖提高薪酬水平来解决。有效的解决办法是按照人力资源4P的模型来搭建人力资源管理框架，如图2所示：

- 通过职位职责描述与职位评估为主体的职位管理，能够将战略所决定的组织职能层层分解落实到职位，从而将人力资源管理与组织管理结合起来。
- 通过目标分解与评估为主体的绩效管理，能够实现组织目标到业务单元目标到职位目标的层层分解与落实，从而将人力资源管理与组织业务运作结合起来。
- 薪酬是促进组织战略实现的保障和激励因素。通过可支付能力下

■ 人才体系篇

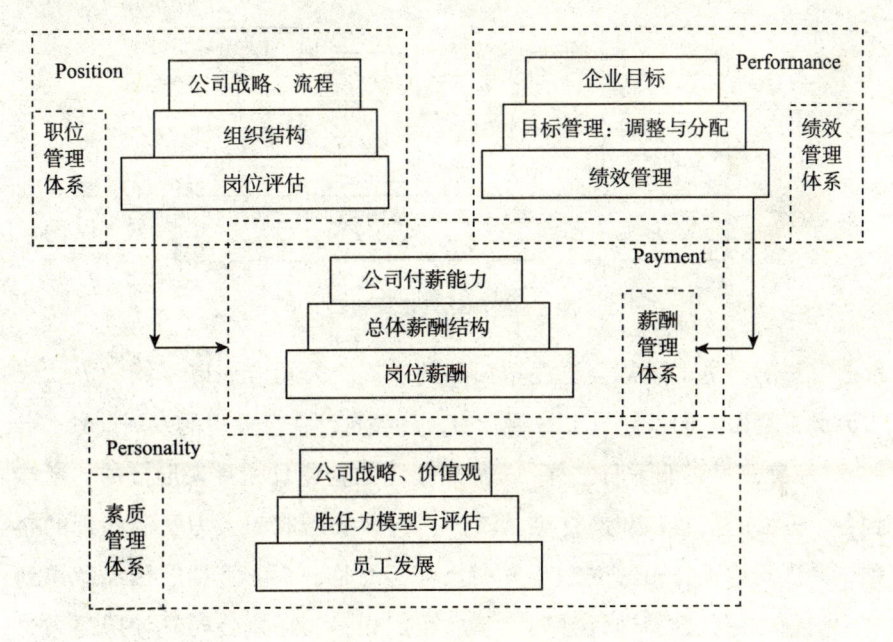

```
Position                              Performance
┌─────────────────┐              ┌─────────────────┐
│   公司战略、流程  │              │    企业目标      │
│   组织结构       │              │ 目标管理:调整与分配│
│   岗位评估       │              │   绩效管理       │
│   职位管理体系   │              │   绩效管理体系    │
└─────────────────┘              └─────────────────┘

            Payment
       ┌─────────────────┐
       │   公司付薪能力   │
       │   总体薪酬结构   │
       │   岗位薪酬       │
       │   薪酬管理体系    │
       └─────────────────┘

   Personality
┌─────────────────┐
│  公司战略、价值观 │
│  胜任力模型与评估 │
│   员工发展       │
│   素质管理体系    │
└─────────────────┘
```

图2　人力资源 4P 模型

的薪酬分配与管理，能够实现员工利益与企业利益的联系与结合，从而将人力资源管理与组织经营成果结合起来。

- 素质是实现企业战略、组织目标和岗位目标的能力要求。对员工而言，就是要通过素质管理从而不断提高员工的工作胜任力和终身就业能力，实现从"终身雇用"向"终身可以雇用"的转变；对企业来说，就是要形成适宜的员工素质组合，从而保证一方面建立起具有多项技能的员工队伍，满足企业战略的实现，另一方面能有效地控制人工成本，增强企业的竞争力。

在人力资源基础管理框架下，建立科学的薪酬管理体系应该依据三个基本原则：对外的竞争性，对内的公平性与激励性，企业可支付能力。可以按如下思路进行，如见图3所示：

薪酬管理在任何企业都是人力资源管理非常重要的基础工作。一个企业需要一定竞争力的薪酬来吸引人才，还需要有一定保证力的薪酬来留住人才。提高薪酬水平会在中短期时间内调动员工的注意力，但是薪酬不是万能的，工作环境、管理风格、经理和下属的关系对员工的去留

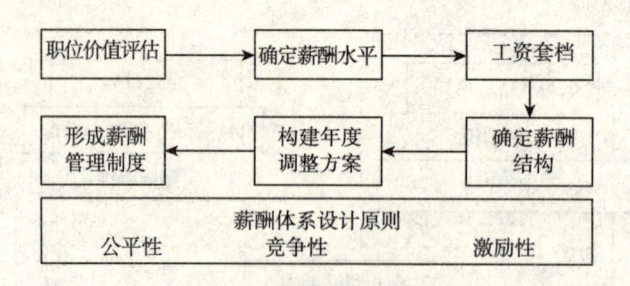

图3 薪酬体系设计模型

都会有影响。员工通常会更注重长期的发展，公司应该以不同的方式来告诉员工发展方向，让员工看到希望，看到自己在企业里的发展前景。

"冰冻三尺，非一日之寒"，薪酬问题是企业日积月累形成的，牵涉到各个方面的利益，知易行难。该公司的薪酬已成为人力资源管理的瓶颈，严重制约了公司的进一步发展。可喜的是，企业管理层已经意识到这个问题，并已着手进行管理变革。我们相信，在该公司领导层的大力支持与推动下，管理变革一定会取得良好的效果，吸引并留住企业需要的人才，为企业的长远发展奠定坚实的基础。

刊发于《HR 经理人》，2011 年 1 月

■ 人才体系篇

如何跑完人才盘点的 110 米栏
——跨越人才盘点拦路虎

张 璇/文

随着业务高速发展，越来越多的企业不得不面对这样的困境：由于发展速度太快，人员规模迅速扩充，缺少人力资本的积累，导致严重的人才梯队断层。为了应对这种局面，很多企业都开始着手企业内部人才盘点，建立自己的后备人才梯队。但是，由于人才盘点需要涉及各方面资源的配合，导致很多企业都在人才盘点的过程中面临着各种困惑，使得人才盘点最终很难完全发挥效果。

案例：某 IT 企业随着近几年网络技术的高速发展，自身业务获得了很大的提升，短短 5 年的时间就由一个十几个人的小公司，发展成为一个拥有千人规模的大型网络企业。随着企业规模的不断扩大，企业管理者发现目前的人才数量已经远远不能达到企业未来发展的要求，而如果单纯通过外部招聘，一方面成本过高，另一方面人才的质量也很难得到保证，所以企业的管理人员愈发认识到人才积累和培养的重要性，要求人力资源部对现有人才进行盘点的基础上，建立企业的后备人才梯队机制。但是随着工作的展开，人力资源部却发现这项工作并没有开始时设想的简单：

问题一：由于企业从来没有做过相关的人才盘点工作，加之近几年企业的快速发展，岗位工作职责和内容的不断变化，面对有限的资源，人力资源部不知道应该从哪些岗位开始进行盘点，导致在岗位选择上，就浪费了大量的时间和精力。

问题二：在选择好了岗位后，人力资源部开始组织相关岗位的现任管理者对其下属人员进行盘点，但是由于前期没有进行充分的沟通和确认，岗位现任的管理人员对于人才盘点并没有表现出太多的热情，并不十分配合人力资源部的工作，更多是以一种完成任务的心态来面对。

问题三：人力资源部历经"千难万险"，好不容易拿到了盘点的结果，并对不同能力和业绩水平的后备人员进行了区分，但是发现很难将这些结果应用到具体的日常工作中，加之岗位现有任职者的态度并不积极，久而久之，盘点后的结果成了一纸空文，被束之高阁，企业花了大量的时间和费用，最后却打了水漂。

上面的例子反映出企业进行人才盘点时经常遇到的问题，只有我们采用合适的方式和方法，解决掉这些阻碍在人才盘点道路上的"拦路虎"，如图 1 所示，才能保证企业人才盘点工作的顺利进行，进而保证企业人才供给平衡和长效发展。

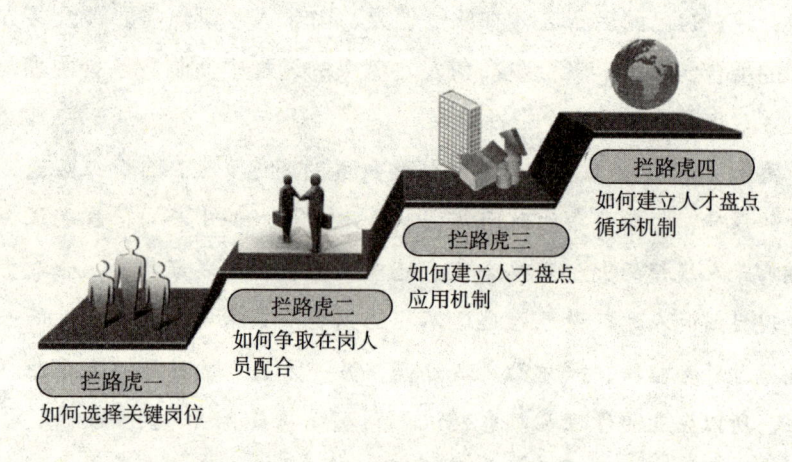

图 1

拦路虎一：如何选择关键岗位

企业进行人才盘点时，经常遇到的第一个问题是如何选择关键岗位进行盘点。特别是对于那些刚刚引入人才盘点机制的企业来说，面对有限的资源，更多的是希望选择那些重要且急需的岗位优先进行人才盘点。

具体来讲，选择关键岗位需要考虑两方面的因素：第一，需要对岗位价值进行分析，确定不同岗位对于企业整体战略实现和业绩达成的贡献程度，也就是分析各个岗位在公司价值链中发挥的作用大小。对于那些贡献高，在价值链中处于核心地位的岗位，应该优先考虑为其进行人才盘点。

第二，需要考虑不同岗位在企业未来发展中的人才缺口数量，人才缺口数量可以通过下面的公式进行计算：

人才缺口数量 = 该职位未来需要的人数 – 现有人数 – 拟外部招聘人数 + 可能离职人数 + 可能晋升到上层的人数

人才缺口数量就是企业未来发展需要通过该岗位的下级晋升而填补的人才空缺数，人才缺口数量分析应该是自上而下的过程，上层的人才缺口数直接决定了下层可能晋升到上层的人数。对于那些空缺较大的岗位，应该优先考虑为其进行人才盘点。

总体来看，关键岗位的选择可以通过图2进行说明。

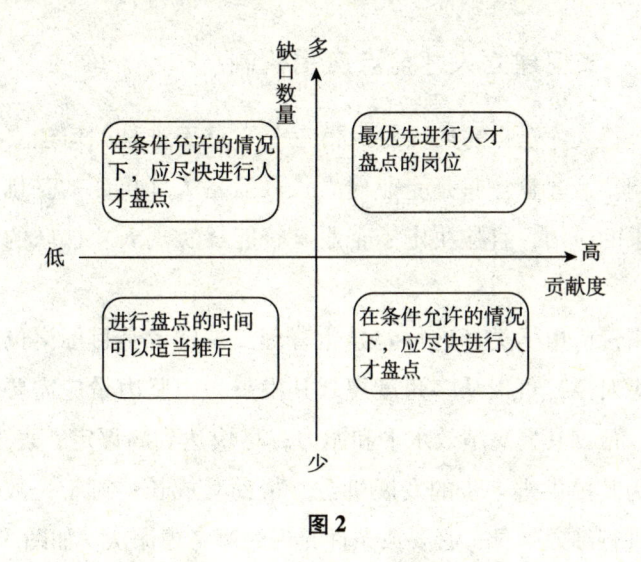

	贡献度低	贡献度高
缺口数量多	在条件允许的情况下，应尽快进行人才盘点	最优先进行人才盘点的岗位
缺口数量少	进行盘点的时间可以适当推后	在条件允许的情况下，应尽快进行人才盘点

图2

拦路虎二：如何争取在岗人员的配合

在选择好了关键岗位后，人才盘点面临的第二个困难就是如何争取被盘点岗位在岗人员的积极配合。人才盘点需要各方积极参与，在职人员的参与度直接决定了人才盘点结果的质量。

争取被盘点岗位在岗人员的积极配合，首先应该让他们了解并认识到人才盘点的意义和重要性。许多在岗人员不配合的原因是不能正确地认识人才盘点的作用，有时甚至会把人才盘点当成是对自己地位的一种威胁，进而对于人才盘点工作持抵触态度。可以通过培训、宣传贯彻等手段，从正确的角度让在岗人员认识到，人才盘点是帮助其继续晋升和发展的重要手段，对其长久的进步有重要意义。

另外，需要争取企业高层领导者的支持，全球著名公司阿尔卡特在对管理者进行晋升评价时，其中重要的一条是"该岗位是否已经有了合适的继任者"，如果这条不满足，即使表现再优秀的员工也不能得到晋升，这也促使管理人员更加重视企业人才盘点。所以企业领导者的态度，也直接决定了人才盘点能否得到盘点岗位在岗人员的积极配合。

拦路虎三：如何建立人才盘点应用机制

企业进行人才盘点需要面对的第三个常见困难是如何建立人才盘点的应用机制。人才盘点只是企业建立长效后备人才机制的基础，对于人才盘点结果的应用，直接决定了企业是否能够实现人才梯队的建立和可持续发展。

具体来说应根据类型进行差异化管理。最佳者是目标岗位继任人员的优先考虑对象，可以从多角度规划其发展；中坚力量应需要有更多的培训机会，帮助其提高绩效水平和能力，尽快达到高评定；表现尚可型，可以适当为其提供进一步的发展机会，帮助其成长；对于失败者和绩效不佳者应进行绩效辅导，必要或条件允许时可考虑淘汰。如图3所示。

拦路虎四：如何建立人才盘点循环机制

人才盘点最后一个常见的困难是如何建立人才盘点循环机制。人才盘点的结果不应是一成不变的，而应该随着被盘点人员的发展和进步，进行及时的更新和修正。

人才体系篇

	低	中	高
高 能力	绩效不佳者 警告，考虑其他更适合岗位	中坚力量 谨慎规划下一步工作安排，重点指导	最佳者 规划多重快速发展通道，确保薪酬竞争力
中	绩效不佳者 警告，明确改进需求，考虑从组织中剥离	表现尚可 重点开发培养为中坚力量	中坚力量 给予发展机会，同时提高薪酬竞争力
低	失败者 尽快从组织中剥离	表现尚可 保留原职位，考虑逐渐减少管理职能	表现尚可 保留原职位，给予认可，保持工作积极性

绩效 →

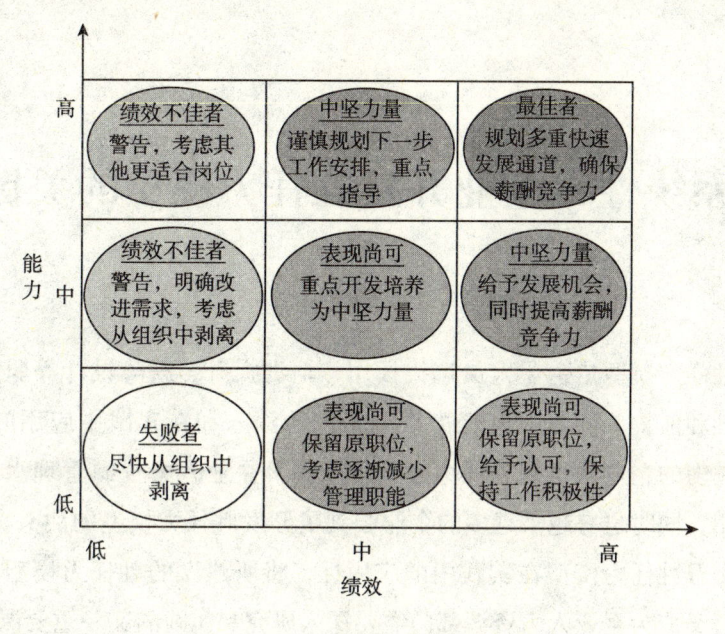

图 3

企业应定期（一般是 1~2 年）对岗位的后备人才进行重新的评估，并对他们的能力和业绩表现重新界定，不断更新人才盘点结果，给发展进步的员工以更大的空间，进而创造良性竞争的企业氛围。

通过解决好上述四个方面的困难，成功跨越人才盘点的"拦路虎"，保证企业能够顺利地进行人才盘点工作，并通过人才盘点获得有效的回报。

刊发于《中国培训》，2014 年 1 月

系统性：企业开发胜任力模型的关键

张 璇/文

胜任力模型是企业人员选拔任用、培训提升、薪酬设计等职能发挥的基础和前提，随着对胜任力模型研究的深入和在实践中应用的深入，越来越多的企业认识到胜任力模型对于提升企业人力资源管理水平的重要作用，同时也有越来越多的企业尝到了开发胜任力模型的甜头。但是，如何提升胜任力模型在实践中的应用性，将所建立的胜任力模型价值最大化，又成为企业人力资源部门需要深入研究和实践的又一重要课题。

建立胜任力模型之前，要做系统性思考和整体性规划，否则只能收获几个独立的点，难以连成线，铺成面，更谈不上充分发挥胜任力模型的作用和价值了。

根据实践经验，开发系统性的胜任力模型至少要具备两个方面的要素：一是有长远发展的眼光，将模型开发和延伸应用联系起来，以终极目标作为开发的起点。二是用联系的观点看胜任力模型，将胜任力模型建立在一个统一的坐标系里面，建立起不同层级、不同序列胜任力模型的统一架构和联系。

在人力资源管理体系中系统开发胜任力模型

胜任力模型是人力资源管理的重要基础，为企业的人才招聘、培训提升、绩效管理、薪酬管理、提拔任用和职业发展等多个领域提供重要的应用参考，使得企业人力资源管理更具有针对性和系统性。因此，企业在开发胜任力模型时，必须考虑整个人力资源管理系统。如图1、表1所示。

■ 人才体系篇

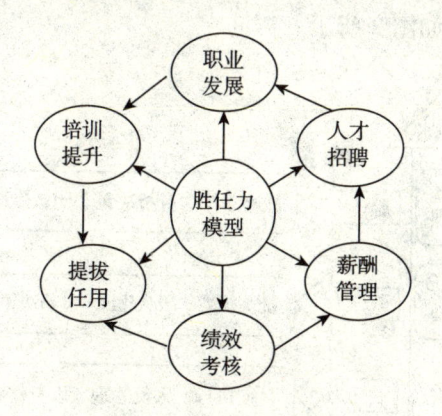

图1 胜任力模型应用

表1 胜任力模型应用

应用	内容
职业发展	依据不同职位的胜任力模型，为员工设计职业发展规划
培训提升	根据员工现状与胜任力要求差异，设计培训课程
提拔任用	根据职位胜任力模型差异，设计提拔任用的考核标准
绩效考核	绩效考评中同时兼顾了业绩和能力的双方面考核
薪酬管理	根据岗位胜任力特征，设计薪酬体系，合理调整薪酬结构
人才招聘	根据岗位胜任力及胜任力的重要程度，设计招聘工具

在建立胜任力模型的初期，应该对胜任力模型的应用有一个较为清晰的定位，然后进行有针对性的胜任力模型开发。

根据该建模目的，在整个建模过程中，建模团队就特别注重在这两个方面的开发，并在最终建立的胜任力模型中，增加面试题目和能力提升建议等内容，加强胜任力模型的实用性。

结合人才梯队构建胜任力模型的纵向结构

在构建胜任力模型过程中，也需要建立起纵向职业发展通道：让企业和员工都清楚要上一个"台阶"，一旦建立并实施纵向职业发展通道，企业可以因层级实施人才培养计划，员工可以明确晋升标准，在规划和标准明确的前提下，经过有力的组织实施，最终必然可以达到激励员工、发展企业的目的。如图 2 所示。

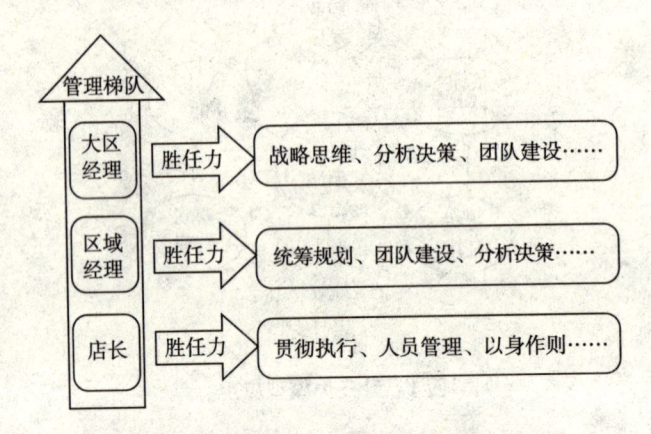

图 2　某大型连锁超市管理梯队胜任力模型

```
管理梯队
  大区经理 —— 胜任力 → 战略思维、分析决策、团队建设……
  区域经理 —— 胜任力 → 统筹规划、团队建设、分析决策……
  店长    —— 胜任力 → 贯彻执行、人员管理、以身作则……
```

通过建立企业店长、区域经理以及大区经理的胜任力模型，明确不同管理梯队胜任力之间的差异，并根据这些差异，有针对性地设计整个企业的培训体系、职业发展通道及提拔任用标准，才能保证胜任力模型应用的有效性。

表 2　单一职位与管理梯队胜任力模型应用对比

应用举例	单一职位的胜任力模型	管理梯队胜任力模型
培训体系开发	• 基于现有人员水平 • 缺乏针对性	• 结合不同职位差异 • 满足梯队发展需求 • 更具针对性
职业发展通道设计	• 基于现有人员水平 • 缺乏事实依据	• 结合不同职位差异 • 综合现有水平和梯队 • 以事实为依据 • 发展通道具体化
提拔任用标准	• 基于经验 • 根据同一职位任职者差异 • 没有具体标准	• 结合相邻职位差异 • 提拔标准科学具体化 • 建立清晰的操作手册 • 综合考虑能力和职位要求

结合专业序列构建胜任力模型的横向结构

除了考虑管理梯队胜任力模型的纵向结构外，胜任力模型的建立也

人才体系篇

应该同时考虑到专业序列的横向结构。

由于不同的专业序列之间存在着不同的能力要求，导致即使同为某一企业的中层管理者，但是由于分管的业务条线不同，其胜任力模型也会存在着一些差异。而这些差异往往也是决定员工绩效的关键因素。单纯从管理梯队的角度出发，而忽略了不同专业序列之间的差别，从企业角度，不利于培养跨职能领域的综合性人才；从员工角度，个人职业发展在横向上受到了限制，遇到了壁垒，所以只能走纵向发展通道，职业宽度过窄，不利于企业和员工的发展。如图3所示。

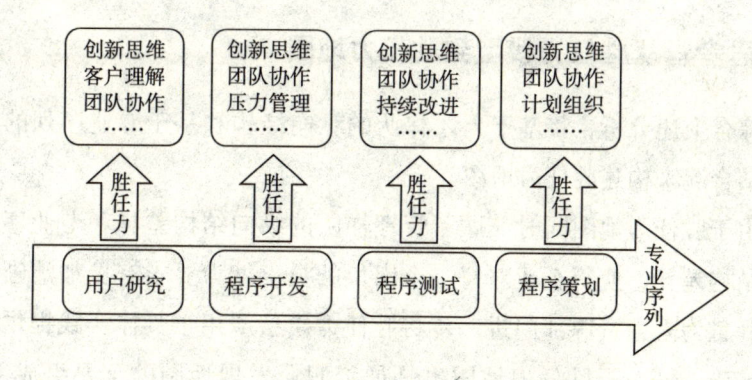

图3 某网络公司专业序列胜任力模型

从图3中我们可以发现，每个专业序列间既有区别又有联系，员工通过各个序列胜任力的横向对比，了解不同序列胜任力的共性和特性，那么员工不一定要在一个序列发展，也可以根据实际情况选择跨序列进行发展。同时，从专业序列的角度出发建立的胜任力模型，能够了解不同专业间胜任力的差异，更好地发挥胜任力模型在绩效管理、薪酬管理和人才招聘方面的作用。如表3所示。

表3 单一职位与专业序列胜任力模型应用对比

应用举例	单一职位的胜任力模型	管理梯队胜任力模型
绩效管理	• 从单一职位考虑 • 缺乏不同序列对比	• 结合不同序列差异 • 考核指标更具针对性

续表

应用举例	单一职位的胜任力模型	管理梯队胜任力模型
薪酬管理	• 薪酬管理缺乏全面性 • 缺乏事实依据	• 结合不同序列差异 • 了解不同序列能力需求 • 以事实为依据
人才招聘	• 基于经验 • 缺少专业性评估 • 操作难度大	• 了解每一序列要求 • 招聘标准科学具体化 • 考虑不同专业能力要求

系统思考：从胜任力模型到胜任力地图

综合上述分析，将基于人才梯队的纵向结构和基于专业序列的横向结构结合起来构建胜任力地图。

由于胜任力地图同时兼顾了管理梯队的纵向结构差异和专业序列的横向结构差异，使得企业对每一个岗位的员工能力要求有更加清晰的定位，并且为人力资源部门进一步将胜任力模型应用于具体实践提供了坚实的基础。同时，胜任力地图也是员工职业发展地图的重要组成部分，员工也可以通过胜任力地图，清晰地认清自己现有能力与更高职位或横向职位所需能力的差距，给员工以明确的努力方向，提高员工的积极性与主动性。另外，通过不同序列的对比，使得员工对不同序列的能力要求也有清楚的认识，为员工在不同序列间的转换提供了参考依据。

总之，如果系统性地开发胜任力模型，必将迎来企业人力资源管理水平的又一次飞跃和提升。

刊发于《HR经理人》，2012年9月

■人才体系篇

人与企业文化的"非诚勿扰"

曾劲婷／文

近日阿里巴巴对销售人员涉嫌欺诈案件的处理中，马云不惜牺牲两位爱将以正视听。归根到底，是为了维护阿里巴巴"客户第一、诚信至上"的企业价值观。这番刮骨疗伤之举，即使痛彻心扉，也义无反顾，反映了马云对企业文化的重视，对维护它怀有的决心和气魄，也是借机让阿里巴巴数万名员工对于企业的客户至上和诚信的信条有更加刻骨铭心的感受，以铁腕手段给日渐庞大的阿里巴巴更多的管理层人员上了一堂生动但并不轻松的课：在面对利润诱惑和客户利益时，应该更加清晰和果断地选择什么。虽然这样做可能损害了阿里巴巴近期的收益，却必然能够赢得更多的客户信赖和更为长远的发展道路。所以此番拯救企业文化之举是值得的。

企业文化建立和维护的意义不仅体现在树立良好的外部形象上，同时也对吸引和培养企业人才具有重要的价值。所谓"人以群分，物以类聚"，优秀的人才会更加倾向于选择和自己的人格特质、信仰、价值观和兴趣爱好等更加契合的企业，而企业也更加青睐于选择认同企业价值观的员工。GE对人才要求中的其中一条是选择认同和具有GE"坚持诚信，渴望变革和注重业绩"的价值观的人才。大量的研究表明，员工和企业在价值观上的相容对员工的工作满意度、组织承诺、工作投入、工作绩效、组织公民行为等都有重要的决定作用。同时也有研究发现，组织中个人与群体成员之间的价值观不一致时，容易破坏员工的工作热情，比如，具有较高合作倾向的员工进入到强调个人主义、独立工作的组织中工作时，表现出的合作行为比原来的频次大大降低。

因此，现在很多企业在招聘过程中，不仅仅强调人员与岗位的匹配，也逐渐把人员与组织文化的匹配放在招聘环境中重要的位置，许多企业发现个人特质和企业文化的相似，不仅在很多场合减低了管理成本，员工本身的满意度也大大提升，因此人和组织文化的匹配不仅是企业受益，个人也乐在其中。那么，在人力资源管理过程，特别是面试过程中，如何能够更好地保证识别到与企业文化匹配的员工呢？

首先，人力资源管理者要知晓组织的企业文化具有哪些鲜明的特征。企业的文化特征如同人拥有的个性一般，各不相同，但是能够从几个大维度上进行归纳。西方学者 Cameron 和 Quinn 通过竞争性文化价值模型，把组织文化类型分为团队支持文化、灵活创新文化、市场绩效文化和层级规范文化。四种类型的大致特点如图1所示。

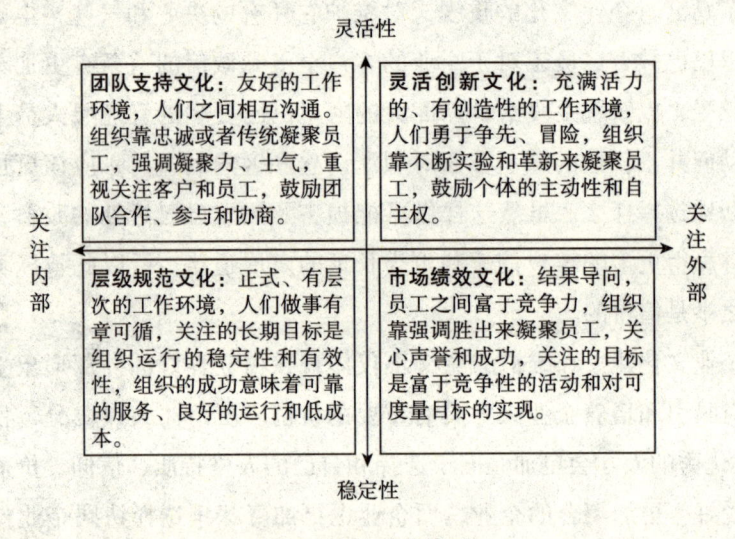

	灵活性	
关注内部	**团队支持文化**：友好的工作环境，人们之间相互沟通。组织靠忠诚或者传统凝聚员工，强调凝聚力、士气，重视关注客户和员工，鼓励团队合作、参与和协商。	**灵活创新文化**：充满活力的、有创造性的工作环境，人们勇于争先、冒险，组织靠不断实验和革新来凝聚员工，鼓励个体的主动性和自主权。
	层级规范文化：正式、有层次的工作环境，人们做事有章可循，关注的长期目标是组织运行的稳定性和有效性，组织的成功意味着可靠的服务、良好的运行和低成本。	**市场绩效文化**：结果导向，员工之间富于竞争力，组织靠强调胜出来凝聚员工，关心声誉和成功，关注的目标是富于竞争性的活动和对可度量目标的实现。
	稳定性	

图1 企业文化类型

不同的企业文化下，对人员的要求就会有不同，团队支持文化下，人员的突出特点是协作精神好；灵活创新文化下，更加强调创新意识；层级规范文化下，要求员工有较强的纪律意识；而在市场绩效文化下，竞争性和目标性是更为提倡的。这四种企业文化类型各有其优势，分别适应不同的竞争环境和业务类型。

如何确定企业的文化类型呢？企业文化涉及到企业的价值观、领导风格、成功准则以及管理哲学等丰富的内涵，通常需要通过访谈等定性的方法和调查等定量的方法一同来对企业文化进行确定。定量的方法中通常有量表的方式，因其具有较好的可操作性和可量化得到较为广泛的应用，并且对于企业文化的初步诊断也具有显著的作用。比如 Cameron 和 Quinn 编制的企业文化量表通过 24 个题目从主导特征、领导风格、员工管理、组织凝聚、战略重点和成功准则六个方面测查企业文化的类型，简单易行，也具有很好的信度和效度，对诊断企业文化类型具有很好的效果。

然而，要真正落实好人和企业文化的匹配，最终的关注点在于每个人的具体的特征。

达到匹配通常从一致性和补偿性两个角度加以考虑。测查一致性上我们通常关注个人在个性特征、行为风格以及动力驱使等方面是否和企业的文化具有一致性；而补偿性上则着重关注个人的内部需要，比如追求变化、人际交往等企业是否满足其需求。这些方面都可以通过专业的测评工具来得到个体的具体情况。笔者推荐使用智鼎职业性格测验来进一步客观地了解个人的特点，以判断其与特定的企业文化之间的匹配度。

智鼎职业性格测验是由智鼎公司研发的一款集合了思维方式、动力特点和人际特征三个大维度的性格测验，用于全面了解个人在思考倾向、条理性、进取心等 30 个小维度的特点。结合企业文化的四种类型，可以有针对性地读取个人分别在相应的维度上的得分来判断个体和企业文化的匹配度。具体的对应关系如表 1 所示。

表1

企业文化类型	智鼎职业性格中读取的维度
团队支持文化	友善性、合群性、人际敏感性
灵活创新文化	创新性、活跃性和思考倾向
层级规范文化	条理性、自律性和顺从性
市场绩效文化	支配性、进取心和能量性

下面以笔者在咨询过程中的一个真实案例来作深入的分析和解释。在这个案例中，企业成立 10 年，业务在市场上占有较高份额，利润连年

增长，公司形成了一套较为成熟的管理模式，发展稳定。随着业务发展，对人才求贤若渴。但是在寻找千里马的过程中，经常发生的事情是，招到的人在教育背景、能力要求和工作经历上都很合适，却大多因短期内离职而造成企业人力成本大幅增加。因此该企业的人力资源招聘经理很困惑，找到了智鼎咨询公司，希望给出进一步的诊断和方案。我们在解决问题的过程中，了解到该企业在招聘环节中忽略了一个重要的环节，即测量人和企业文化的匹配。因此，我们首先推荐使用 Cameron 和 Quinn 的企业文化量表对其企业文化诊断，得出该企业在目前的发展阶段下属于层级规范文化，企业依靠较为明晰的管理条例和规范来取得发展。随后，我们推荐其人力资源招聘经理在招聘环节中让应聘者作答智鼎职业性格问卷，获得个人与企业文化匹配的信息。图 2 是一位应聘者在智鼎职业性格问卷上的得分情况。

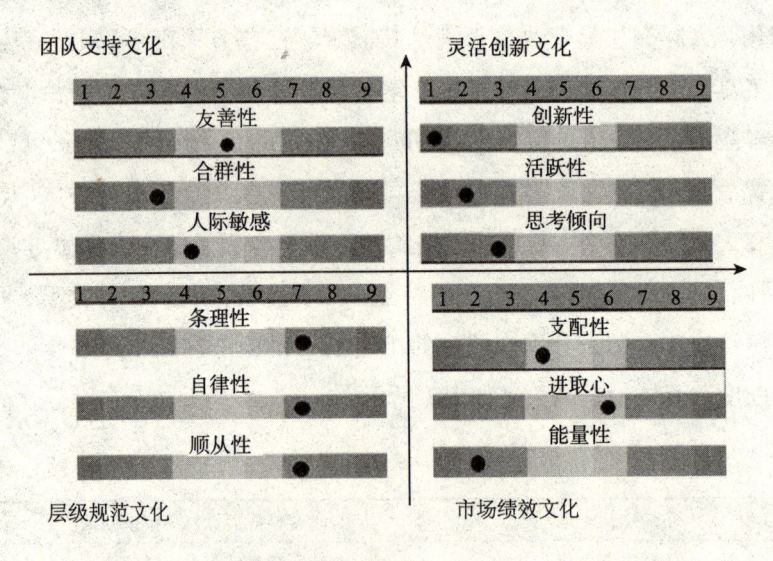

图 2

综合比较该个体在与各种文化类型对应的维度上的得分，不难看出，其在条理性、自律性和顺从性上得分优于其他的维度得分。从该性格测验上的得分，我们可以初步判断此人追求井然有序、有计划和有既定安排的工作环境，较强的服从意识，愿意接受他人或者组织的观点和安排，因此在这四种企业文化中，和层级规范文化具有更高的匹配性，并能够

■ 人才体系篇

继续在随后的面试过程中通过行为面试或者情景式提问来获得进一步的证实。该案例中的个人后来因为各方面的能力素质都达到企业的岗位要求,顺利进入到该企业。在随后的工作过程中,我们也向企业求证过个体的工作绩效等情况,企业反馈人和文化的匹配确实帮助降低了员工流失率。

杰克·韦尔奇曾经讲过一个形象的例子,如果你想让列车再快点,只需要加一马力;而如果想使车速增加一倍,就必须要更换铁轨了。寓意要真正实现企业的快速发展,企业文化的建设是必不可少的。在我们大量的人才咨询案例当中,我们的切身体会是,优秀的企业文化再搭配上认同企业文化和适合企业文化的员工才能真正地发挥文化这个无形资产的巨大作用。

刊发于《HR 经理人》,2011 年 6 月

"全球力"：选好"走出去"人才的标尺

胡 炜/文

"用英文写邮件，用中文写汇报，和各国人民打交道，偶尔会被带跑调……"

"在伦敦开会，在纽约开会，在东京开会，在上海开会……哦，千万别误会，是我忘了加上'当地时间'，其实我人在法兰克福……"

"早上和法国客户代表开早餐会，中午和美国机构代表开午餐会，白天赶了四顿饭，到晚上还饿得不行，都是那些奇怪的用餐礼仪束缚了我的肠胃……"

上面这些文字，是从一些在国有企业海外机构任职的朋友的微博上摘下来的，真实地记录了外派人才的内心感受和真实状态。进入21世纪，中国政府及企业加快"走出去"战略的步伐。中国工商银行、中国建设银行等一批以往立足于国内金融市场的国有大型商业银行相继在欧美、东南亚等开设机构，拓宽海外业务范围。而中国石油、中国石化等资源型企业早在20世纪90年代就迈出了探索海外市场的步伐，并且成功利用欧美与亚非差异化的市场，建立起上下游一体化的业务体系。在这样的背景下，越来越多的国企成为全球性的跨国企业，如表1所示，越来越多的国企人才被派驻到海外筹建新设机构或承担重要的工作，因此，这些企业迫切希望选出能应对全球化背景下各种挑战的人才。

表1 四种组织形态

组织形态	活动描述	组织焦点
国内型	仅在本国内运营，仅服务国内市场	纯国内

续表

组织形态	活动描述	组织焦点
国际型	在全球化市场中从事出口或者开发装配和生产设备	国内，但和国际发生联系
多国型	把国内和全球化运营结合到世界范围的商业线中；产品大部分标准化主要决策在本国的总部做出	全球化，但服务和产品是全球化标准的，决策是当地的
全球化或跨国型	把国内和国外的运营结合到世界范围的商业线中；产品是大众消费品（给具体国家或文化需求定制）；且决策和战略在多国的多总部间进行分配	全球化，但服务和产品是为当地需求定制，决策是全球化的

* Adler and Bartholomew, 1992.

我们暂且用"全球化人才"来描述这一特殊的群体。那么，怎样选出这些人才？

首先要清楚选才的标准："全球胜任力"（Global‐competence），美国人力资源管理协会冉毅波先生称之为"全球力"（Globality）。

传统选人用人的专业胜任力、全员核心胜任力更多着眼于组织中趋于稳定，最能代表企业文化和绩效的行为。而当我们面临的环境发生变化，要在一个全新的文化体系下去创建机构，拓展业务，打出一片属于中国企业的天地，那么我们不得不把人才胜任标准放到一个全新的、时刻变化的环境中去考虑。先来看看全球化人才都在什么样的环境中履行职责的：

- 时差/距离模糊感

"凌晨四点，我不得不从床上爬起来，冲杯咖啡等着总部的电话会议，一会五点还要和新加坡分行的同事讨论一笔紧急资金汇划的事情，那边正好上班……"

- 地属文化/心理认知差异

"索菲是个好下属，但总是会用法国人的'浪漫情怀'对待工作，殊不知这和我们的风险要求格格不入，这要出错了还得了……"

- 高外部压力

"这里的监管机构总是针对我们这群刚进入这个新兴市场的人，看似开放公平的市场竞争中处处存在不平等……"

- **高速变化的市场和国际环境**

"刚议好的投资协议就因为美联储的加息，被迫要求就金额支付细节重议，竞争对手又获得了一次喘息机会……"

- **高信息负荷/高科技压力**

"看上海的实盘、看伦敦的实盘、看纽约的实盘……忙里偷闲处理了一下黑莓里积压的邮件，每次都得从邮件海洋里标记出哪些可以急处理，哪些可以缓处理，哪些不用……"

- **既往文化/经验失效影响**

"白请这顿饭了，国内饭桌上解决问题的经验在这里完全行不通，你对他的人再好，他对你再有好感，但文件上只要有一点他们不理解的地方，通不过就是通不过，这就是日耳曼人……"

- **多方面冲突影响**

"这些中东人似乎不太明白，如果按照他们的方式来做，这些项目到国内根本无法通过，两边的国情、法律和商业文化差异实在太大了，但如果这单生意做不成，1小时后和日本的投资代表谈判就会陷于被动……"

跨国人力资源的投入成本是巨大的，并伴随着更高的风险。为了很好地帮助全球化企业识别出那些能够较好胜任上述工作环境和挑战的人才，降低用人风险，企业领导人和组织行为学实践专家都开展了相应的研究，比如高盛集团前全球总裁约翰·桑顿就专门在清华大学开设了全球领导力课程。这里，假设你就是一位全球化人才，随着假想我们来看看哪些是核心"全球力"。

国际化知识体系

设想一下你用英语在美国下属面前和当地客户交流谈判的时候，同步跟进到意识中的是美元汇率、当地公司治理、政法体系、税收财务制度、投资监管政策等方面的特殊性。当你在字斟句酌地选择词汇的时候，

■ 人才体系篇

大脑里飞快地闪过的是不同文化下对同一事物的理解差异。当你处理邮件文本的时候，语境和方式都有别于你曾经熟悉的环境。这些都构成了你应对全新职业环境的职业知识体系。如表2所示。

表2 国际化知识体系能力定义及行为指标

国际化知识体系（Know-how in an International Way）	
对所处环境文化下相应的商业、法律、政策的掌握；熟练运用全新工作环境规则及常识；准确把握具体工作行为的尺度；将既往知识、经验与新环境中情况整合，形成体系。	
高特征行为指标	低特征行为指标
• 善于比对国内专业经验与国际化工作差异 • 把国内专业经验和国际工作经验巧妙联接 • 深谙全球化工作中的关系体系和角色 • 清楚不同文化下的商业行为模式和规则 • 快速从新的文化体系下收集知识、信息 • 把差别化的专业、政策等知识体系化 • 掌握多种文化体系下的沟通"常识" • 实践中的持续学习，以了解和更新知识体系	• 不能很好地提取相关工作经验应用于实践 • 对各方面经验整合不够 • 对不同环境中的职业角色拿捏不够准确 • 知晓各类商业规则，但比对分析不够 • 对不同文化"潜规则"的了解深入不够 • 把知识经验与实际环境中的变化结合不够

快速适应/转换力

在全球化企业中，这种跨地域文化的适应能力不再局限于对某几个专业人士的要求，只要和国际化的业务相联系，就必然要谈到适应。它不是简单的语言信息的切换。设想你面对来自全球各地的协作需求，你必须很快想到在法兰克福的下午五点是否方便打电话到北京去叫醒一位刚刚入睡的同事。或者，你刚把自己的沟通"频道"切换到一位英国客户那里，马上有一位法国客户的电话又打过来。不可否认，在全球化的商业体系中，你的大脑就像《摩登时代》里的卓别林一样，高速地跳跃、切换。如表3所示。

表3　快速适应/转换能力定义及行为指标

快速适应/转换力（Adapting and Flexibility）	
面对快速变化的环境时，能够敏锐意识到差别，从而积极有效地调整自我，迅速做出合理地应对，以成功融入环境。	
高特征行为指标	低特征行为指标
• 乐意接受变化，视变化为新的机会 • 对不同环境转换中存在的细微差别比较敏感 • 熟知不同文化下应有的沟通和处事方式 • 能在不同场合和氛围中敏锐意识到角色的变化 • 从具体文化和背景出发去了解他人行为动机 • 改变自我固有习惯行为中难以被接受之处 • 能在多个不同文化环境中自由切换观念	• 较难从既有的习惯中脱离出来 • 对不同文化和环境中的差异不敏感 • 面对突然的环境、文化等变化，缺少应对策略 • 较难意识到自己行为中存在他人难容之处 • 很难在两个以上的文化环境中自由转换观念 • 忽视对特定文化背景下特定习惯的遵从和了解

开放思维/创新力

从对杰克·韦尔奇等既往成功经理人的研究中，我们不难发现，保持思想的开放和一颗对世界的好奇心是多么的重要。在越来越趋于国际化、全球化的今天，你的企业任何不同信息的碰撞都将产生创新的思想。设想一下全球化工作的复杂性，唯一不变的内容就是"变化"，你既要适应全新的当地市场、政策、文化……同时又不丢失本国企业的本质，就不得不进行新旧的碰撞，不断地去创造出之前自己都难以想象的新产品、新流程、新服务、新策略……而保持一颗开放的心也更有助你去健全自己的国际化知识体系。

表4　开放思维/创新能力定义及行为指标

开放思维/创新力（Open-minded Creativity）	
对全新的理念、思想、事物保持充分的兴趣和好奇；善于将不同领域、文化下的对立面统一起来；用全新、独特的思路和方法给出解释或解决方案，并敢于面对创新带来的风险。	
高特征行为指标	低特征行为指标
• 重视工作思路的原创性 • 对未知和全新的事物始终保持好奇心 • 持续保持批判性的视角分析问题	• 比较习惯于依赖固有经验做出判断 • 重视工作或决策的稳妥、安全甚于创造 • 在打破习惯做法的时候感觉不舒适

续表

高特征行为指标	低特征行为指标
• 善于抓住不同领域、文化中的共同点 • 愿意使用新的方法，哪怕有潜在风险 • 说服他人应用新思路和方法的意愿强 • 不会轻易受传统文化的束缚和困扰	• 机械地将不同领域、文化进行"1+1"组合 • 对未知事物缺乏足够的好奇心 • 对所谓"非正统"观点、思路持有不认同感 • 说服他人放弃创新以规避风险的偏好

包容/认同力

既往更多的研究关注在冲突管理能力上。但要管理好冲突，我们又要选什么样的人呢？你会发现，正是那些包容性强的人，在面对多方冲突的时候更容易保持沉稳冷静的心态去处理。设想一下国际客户的一个友好礼仪是你从小到大教育观念所不能接受的时候，你会怎么去应对呢？但很不幸的是，研究结果告诉我们，人们在处理第一次跨文化交流的时候，总是从已经习惯的知识体系或文化原型出发去"揣度"他人，冲突就由此而来。如表5所示。

表5 包容/认同能力定义及行为指标

包容/认同力（Appreciation of Diversity）	
对差异保持客观、理性的辨别；能够识别其他文化、行为模式中的闪光点；保持赞赏的心态来看待第三方文化；尝试接受并认同不被自身文化所接受的行为。	
高特征行为指标	低特征行为指标
• 有意保持多样性和差异化 • 对各类文化下行为不带任何主观评价 • 不断学习新的行为模式，并赞赏其中优秀之处 • 能与不同文化背景、不同行为习惯的人良好合作 • 做决策时考虑文化、区域等多种差异因素 • 时常自检自身行为中有无"偏见"和"陈规" • 设定考虑了文化差异的绩效目标 • 对合理但在自身价值观之外的行为表示理解	• 不太乐意接受多样化，强调自身习惯 • 对第三方文化保持审视眼光 • 在意在统一的工作行为框架下处理问题 • 对自身价值观不接受的行为存在排斥感 • 忽视其他文化、行为模式中的优秀之处 • 与自己所不容文化背景的人合作意愿低 • 从自己固有的文化习惯来评价 • 习惯把冲突归因为文化差异造成的

自我管理力

心理学发现每个人都有"舒适区",是个人在长期稳定环境中逐步建立起来的习惯性认知。与舒适区相对应的是"忍耐区"。带来舒适感觉的往往是符合个人习惯的环境。但外派全球化人才都必须去面对与自己习惯不相符的"忍耐区",他们的压力感受是巨大的,并会持续积累。如果没有良好的自我调适能力,保持将压力看作是自我学习成长机会的心态,很难说他能够在国际化环境中持续面对挑战。如表6所示。

表6 自我管理能力定义及行为指标

自我管理力（Knowing and Managing Yourself）	
对自我内在感受和外在技能、形象进行管理；通过自我反馈认知,较好地应对不确定性等方面所带来的压力；将批评视为自我发展的手段；不断从实践中寻求持续学习提升自我。	
高特征行为指标	低特征行为指标
• 在变动、学习压力大的环境中仍然保持高绩效 • 在面对冲突情况下仍然能保持理智、冷静态度 • 面对挑战和挫折时,保持积极心态 • 遭受打击后能够快速恢复到平和、理性的态度 • 从错误、困难、教训中获取经验,学习完善 • 主动寻求不同背景同伴的反馈 • 从各类批评和反对中找出改进工作行为的方法	• 在压力下较难保持冷静的情绪或情绪反应较强 • 处理冲突的方式比较生硬,理智判断较少 • 面对不确定性环境,优柔寡断 • 遭受打击后很难恢复如初 • 过多将失误、困难等归因于非自身客观原因 • 面对批评反对时采取强硬、对抗性的自我保护 • 刻意将自身的压力转嫁到他人身上

评估这些胜任力需要采用一套复杂的评价中心系统,但整合既往人才评估经验研究,发现一些关键的个性特征也能够较好地预测上述五项核心"全球力"。在情绪稳定性方面得分高的经理人往往能较好地应对压力和冲突的挑战,而且也比较能够做好自我情绪、工作内容方面的管理。同时,情绪稳定性方面得分高的经理人在国际化知识体系、快速适应/切换能力方面也更容易得高分,他们的生活、工作都显得更有条理、自信。

人才体系篇

那些平时个性偏向随和、乐观，常常考虑他人的经理人较容易包容和认同与自己熟悉的传统文化差异较大的行为。那些外向、总是在新事物面前两眼放光，或者更乐于去说服他人接受自己新点子的经理人，较容易在创新能力方面得高分。

当然，各方面评估信息应该是互相关联的，不能割裂地去看待个人特质和胜任力之间的关系，比如个人情绪稳定性和严谨责任方面很强，而外向、乐观方面不够，在全球化环境中更容易获得各项国际化知识体系，展现适应力，但创新方面较难有所发挥。同时，组织在应用"全球力"进行选人用人决策的时候，还要考虑组织的全球管理体制是否具有足够的动态灵活性和适应力。因为缺乏平等开放的指导氛围的环境，或者在比较死板的工作体制下，经理人的"全球力"是很难发挥出来的。如下几条是创新领导力中心（CCL）组织为全球化人才战略提供支持的建议，具有较好的实践意义：

- 选拔和培养有国际化经历和对此感兴趣的人
- 选拔和培养那些对新奇事物、对学习和对他人感兴趣的人
- 为需要经常到国外出差的员工提供适时的语言培训
- 为负全球化责任的雇员提供模块化学习网络或在线教练的支持
- 保持一个动态的国际化优秀人才库
- 结合地域文化特点，多样化的目标绩效设定与能力培养
- 使企业内部具有吸纳和动态调整各类观点和视角的文化

刊发于《HR 经理人》，2011 年 5 月

有感咨询业

中国的管理咨询行业是一个年轻的朝阳产业，智鼎公司的咨询顾问大多在这个领域扎根多年。在他们的眼中，他们是如何看待这个行业的本质和趋势？他们是如何成长的？又经历了怎么样的酸甜苦辣？我们来听听他们的心声。

■ 咨询师的感悟

打开门做管理咨询

李 颖／文

当今世界，中国是发展最快的国家之一，而管理咨询行业是中国发展变化最快、最大的行业之一，怎样才能跟上形势与变化，坚守时代赋予管理咨询的使命与准则？我们总结自己的做法就是：打开门做咨询。

消除项目组和咨询师个人之间的壁垒：在内部推行全开放式的项目管理

2013年，有一些其他管理咨询公司的项目经理和咨询师向我询问我们公司的项目管理模式，希望跳槽过来。我与他们详细探讨了他们对现在所属公司的感受和引发他们跳槽的原因。出乎意料的是，跳槽的主要原因不是关于薪酬、直接管理者等方面，而是由于咨询公司合伙人承包制给合伙人之间、项目组之间以及咨询师之间造成的客户不明朗、信息不对称、技术壁垒，严重影响了项目质量和效率，尤其影响了内部人员的个人学习与成长。这时，我开始有些窃喜，因为从开始成立人力资源管理咨询事业部之初，我们就已经明确了客户、项目和人员都由公司层面统一管理，以全开放式项目管理制为基础，实现公司内部客户、项目、技术、人员等的无障碍通道。比如项目建立起来之后，项目经理及项目成员的委派，由公司和事业部综合考虑各种因素来决定，项目过程中有一系列规定动作，其中包括定期向公司管理层进行阶段性成果汇报，技术路线和方案实施的讨论不局限于项目组内部，公司内部任何人都可以随时加入进来，进行质疑和讨论等。项目结项之后也有一个规定动作，就是在公司内完成项目分享与总结，我们坚持不分享不进行项目激励。

坚持执行下来，我们发现我们公司的人员成长速度和技术积累速度远远超过同业，并且很少出现员工离职的情况。

消除与客户之间的壁垒：开放技术和经验

2012 年我们承接了国内某知名 IT 公司的任职资格体系开发及应用体系设计的项目，当中我们设计并实施了 56 场技术培训和交流，最深刻的是第一次技术培训之后，人力资源经理小心翼翼地询问是否可以将课件留给他们，我们负责培训的咨询师当场答应并将课件即刻发送给对方，人力资源经理非常感动地对我们说："以往也请过一些国内外大品牌的咨询公司做项目，对方总是神神秘秘的，关键技术资料从来不会细致地培训我们，即使是进行培训的内容，也绝对不会将课件留下，甚至在课堂上都不允许对课件拍照和录像。你们就不怕技术泄密吗？"对这个问题，我的回答是：首先，我们与客户是合作伙伴关系，双方如果互相防备，项目成功落地几乎是不可能的，要建立起双方的信任基础，必须有一方先做出行动，然后双方共同努力。

消除与同业伙伴的壁垒：展开信息共享、技术交流与项目合作

2011 年，为某国有银行建立分支机构负责人胜任力模型并应用到培训体系中，我们负责开发模型和培训体系，推荐了另外一家台湾的咨询公司进行后续的培训课程开发和培训实施，我们负责的内容顺利通过总行评审，与客户进行技术和成果交接，圆满结项。当这家台湾咨询公司进场进行后续开发时，遇到了一些问题，我们本着一切为客户着想的原则，将我方所掌握的项目原始资料和全部成果通过客户传递给他们，并且组织三方召开技术交流会，将我们对项目的理解、技术方法、项目实施经验等完整地展现出来，后来，这家咨询公司评价道："没想到大陆竟然有做胜任力项目如此细致负责的公司，提供的成果和资料竟然如此丰富，以至于我们的后续开发毫不费力，更为难得的是，竟然有如此胸襟

■ 咨询师的感悟

和气度，能够毫无保留地将这些技术和资料交给我们。"

事实证明，我们做过的咨询项目，无论是我们一家独立完成，还是与其他咨询公司或培训公司合作，总能顺利落地，在客户方见到实效，这与我们打开门做咨询的思维模式和行动是密不可分的。基于互联网高度发展的信息时代背景下，我们坚信打开门做咨询的做法是正确的，这也是咨询行业的大势所趋。咨询行业正在实现从单打独斗到大规模合作的局面，也许未来还会实现无边界咨询，让我们与客户、咨询同行们共勉。

我所理解的"有效"咨询

胡 炜/文

诞生咨询行业之前,所有的咨询顾问都是围绕军事目的服务的,当然,前提是把每次大战中的军事参谋比作咨询顾问。现在咨询顾问所完成的事情,发挥的功能价值不外乎在两个方面:①提供有效的决策数据;②提供有效的问题解决模式。管理咨询行业似乎是国外的舶来品,但要从功能上来看,我国春秋战国时期的"谋士"已经可以说是咨询顾问的雏形。所以,虽然被认为是在最"朝阳"行业中,但其实干的是最"古老"的工作。

做咨询是最推崇以数据为依据的,也最讲究概念的澄清。渊远的历史帮助我们理解咨询是怎么回事,并且奠定了丰富的大数据基础。从诸子百家开始,到焚书坑儒的发生,再到儒家文化再度兴盛,而法、墨式微。充分说明了我对咨询价值的两点理解中的共同点:有效。

而有效又是非常相对的概念,什么叫有效?什么时候算有效?纵观各类案例,似乎全然没有标准痕迹可循。在从事这个行业之前,就必须清楚,每一次咨询建议之前都需要定义清楚什么是问题,什么是需求。这时候,要善于换位思考,富有亲和力,会问问题的咨询顾问就会深得咨询客户的青睐。就好像两个人相处,只有发现"你懂我"才会选择和你继续深交下去。懂客户的关键是什么?并非是深厚的咨询功底。与我合作入行两三年的年轻顾问,抱着一颗"深爱"客户的心,换位思考,再加上超强的学习能力和批判性思考方式,也能在咨询工作中如鱼得水,并且不断获得客户好评。

知道问题并不等于咨询。俗话说:提意见容易,提建议难。组织中的决策者们都身经百战,知晓自己的问题所在。作为咨询顾问,如果仅是去找一堆问题,然后给出一堆理论的解释和方案,那一定是与"有效"两字背道而驰。任何咨询建议都是特定的时间、情景下的产物,因此咨

■ 咨询师的感悟

询不能简单地从一而终。因此，以终为始的思考问题方式就会显得特别重要。弄清楚了客户的问题和期望目标，更关键的是要为改善问题，迈向目标制订出行动方案，并能够帮助客户穿针引线地推动执行。可能原理相似的问题，在落实起来会因为实际情况不同而成为不同的方案。这也是为什么很多期望用类似肯德基员工手册式解决方案来做咨询的同行屡屡碰壁的原因所在。

符合实际又针对问题的咨询就有效了吗？在做咨询顾问之前，我是一名临床医师，最感触的是社会认知中对"头痛医脚"的概念的误读。在医学临床实践，尤其是中医的临床实践中，头痛医头是针对局部病灶，抓眼前问题临时性的做法。而头痛时，循着经脉找到身体其他部位的关键穴位下针，则能够起到根治的作用。这就要求咨询顾问像优秀的医生那样，系统地分析问题所在，并找出牵一发而能动全局的症结。为什么结构化的思维方式，模型化的概念会在咨询过程中承担着主要的沟通功能？是源于咨询顾问真心愿意帮助客户从"根儿"上解决痛点问题的内心。比如虽然有内部管理的矛盾，资源分配不均，激励不到位的现象，但细细分析发现所有问题都是源自组织前端没有把饼做大，业务增长乏力和用人成本增高之间产生了矛盾，要从根本上解决人的矛盾和动力问题，应从做大做强市场客户着手。再深一步思考，要做大做强市场客户，则必须有清晰的、可持续的、高价值（附加值）的业务模式。因此，帮助客户理清业务模式和战略方向虽然看似不能马上带来直接的财务数据改变，但确实是打蛇在七寸的解决方案。

客户为什么会为咨询埋单？不是因为我们更聪明，也不仅是因为我们更科学，更重要的是我们在问题中孜孜不倦的探索、积累、沉淀，形成专业的体系和务实的解决方案。因此，咨询的有效性，看似在咨询工作过程中，其实大量的工夫是在事外。包括数据积累、知识管理、方法形成、工具创新、能力提升、经验复盘……不付出更多努力是不足以傲立在咨询行业前沿的。工欲善其事，必先利其器，高价值的咨询成果必将始终伴随数据的持续完善，专业体系的不断打磨，更高效解决方案的形成……每次被客户认可的背后，成就感都源自最专注的投入与付出。

我做咨询顾问的这些年

张 莉/文

在做咨询项目时，客户总会问我是如何进入咨询行业的，是否愿意到企业里做管理工作等类似的问题。最近一次与客户交流时，客户人力资源部负责人向我请教他自己在职业方面如何规划的问题，希望我用"现身说法"的方式给他一些建议。说实在话，我自己进入咨询行业之前还真没有做什么规划。做到现在，如果要说"规划"，我想这里面有机缘巧合，也有职业兴趣的牵引。所以，在解答客户人力资源部负责人的问题时，我还是从咨询顾问的专业角度给他提供了建议。

但是，客户的问题引发了我一连串不得不说的回忆。回想一下，在不知不觉中，我做咨询顾问已经 8 年了，经历了诸多个项目，品味了很多的苦辣酸甜。现在回头想想，除了做咨询顾问，很难有我更想从事的职业了。

在做咨询顾问之前，我曾在企业里工作，从事过技术开发、质量管理、企业管理等一系列的工作。开始从事人力资源管理是 1998 年，从国企进入民企，完全从零做起。那时国内人力资源这个领域刚刚开始兴起，所以我只能是边学边做，现学现卖——而那恰恰是我成长最快的时期。后来先后在几个大型民营企业集团任职 HR 总监职位，在这期间，我在人力资源管理的知识积累与实践经验方面基本上系统化，结合先进理论与国内企业的实际情况，内化成了自己的方法论。机缘巧合的情况下，认识了智鼎公司的创始人——田效勋博士，也便有了加入智鼎的机会。

做咨询顾问的这些年，也是我不断反思、不断调整、不断学习与成长的过程。在这段期间，我进一步理清了自己的人生方向，形成了自己的优势，也发现其实自己非常适合做咨询顾问，越来越喜欢甚至享受自己所从事的咨询顾问这个职业。个人认为咨询行业是把管理理论与实践结合的最好的一个行业，能够最大程度实现个人的职业价值。对于如何做一个好的咨询顾问，我一直在探索，也积累了一些感悟与大家分享。

一是要有帮助客户解决问题的意识

中国企业的管理者在经历了改革开放三十多年的发展后，在见识上、管理水平上、思维方式上都有了较大的提升。对于咨询的需求认识也更为理性，要求咨询顾问能够提供真正有价值的咨询服务。所以要想得到客户认可，不能仅从专业角度去提供方案，而是必须要帮助客户解决实际问题。在项目咨询过程中，客户很可能提出与咨询项目相关的其他管理问题，遇到这种情况，需要我们能够换位思考，不能站在咨询公司的角度认为这与本次项目无关，不予解答或有条件地解答，而是需要咨询顾问站在客户角度去思考，给出相关的解决思路与建议。这样做，既让客户感受到我们的专业力量，从而对我们产生深度信赖，也有助于项目的顺利开展。此外，还可以"粘"住客户——为重复采购、产生新的合作项目打下良好的基础。在这个过程中，我以前在企业中的经历、经验就有了用武之地。

二是要具备帮助客户解决问题的能力

做人力资源咨询需要面对很多不同的行业，这就要求咨询顾问必须具备快速学习的能力。在接触到项目的短时间（三至五天）内，要掌握客户所在行业的基本情况、发展趋势、企业经营状况、关键业务流程、管理状况等，要成为"不是外行"，最好能成为内行，能够与客户进行无障碍的交流，把准脉，解决方案才能有的放矢。

在项目过程中，咨询顾问要与客户保持良好的沟通，任何科学、合理、有效的咨询方案，只有得到客户的理解与支持才能真正落地。所以咨询顾问要能够把握住客户的心理需求，以客户愿意接受的沟通方式，用客户能听得懂的"语言"去交流，让客户真正理解方案的核心思想，这样才有助于咨询方案的顺利推进。

三是对咨询顾问工作保持理想与激情

咨询行业比较辛苦。为客户解决一个问题，往往都要备足很多功课，要搜集大量的信息，熟悉多套的案例，白天访谈、开会，晚上查资料，写方案，高强度的工作量对每个人来说都是很大挑战。如果没有对咨询行业的理想与信念来支撑，没有对咨询工作的兴趣与热爱来辅助，没有家人的理解与支持，很难在长期艰苦的高压之下坚持下去。我曾经做过一个为期两年的咨询项目，两年中，除了工作的强大压力之外，还有远离公司、远离家人、情况错综复杂的工作环境……那种孤独难以言表，而经历各种挑战后，项目圆满结束，获得客户高度认可后的成就感，相信没有经历过的人也无法体会。

所以，要想成为一个优秀的咨询顾问，用我们智鼎公司的 MAP 模型来总结：第一，要保持对咨询行业的热情与强烈的职业兴趣，能耐得住高压、耐得住寂寞，要有为客户解决问题的意识，这是内生动力，是态度的要求；第二，要具有强大的知识储备、逻辑思维与分析能力，同时保持终身学习的习惯，这是职业禀赋，是脑力的要求；第三，能够与客户进行无障碍沟通，获得客户高度信任，这是终极目标，是人际技能的要求。

■ 咨询师的感悟

旅途匆匆，愿用青春为你护航

邢 敏/文

旅途匆匆，我们总来不及咀嚼这成长的滋味便已奔波在路上。作为一名咨询师，品味最多的莫过于目不暇接的难题与困惑，让你兴奋无比。尚来不及心惊胆战，我们已经披荆斩棘奔跑在这路上。更多时候我们忘却了细细品味这旅途的艰难险阻，只有一个心思，下一个目的地在哪……

旅途匆匆，我们总来不及品味四季变换，蓦然回首已春夏轮换又是一年。作为一名咨询师，品味最多的莫过于放眼祖国的四季河山，此时你还感慨北国的风吹雪飘，瞬息变换，下一刻你已在南国品味暖风习习。更多时候我们忘却了体会这存在的美，只有一个心思，下一个目的地在哪……

曾几何时，我望向机舱外白云飘飘，心的牧场，感慨着播种什么都是收获的希望。

曾几何时，我坐在凌晨的航班望着舷窗外机场昏黄的灯光，感概着旅途的艰辛。

曾几何时，我站在传送带的旁边不自禁地笑出声，感慨着返程也是一种福利。

曾几何时，我站在祖国各地的窗前拍照留念，感慨着这穿梭往来的美。

曾几何时，我端坐考官席一丝不苟地聆听，感慨着这不敢放松的心。

曾经何时，我与你为某位过客争执不休，感慨着这责任之重。

曾几何时，我在凌晨面对着屏幕闪闪，感慨着夜色的美。

曾几何时，我在亲人欢聚匆匆离开，感慨着成长之伤。

曾几何时，我……

而这一切都只为了你曾给予的梦想，我们甘愿用匆匆青春为你护航，这美好的旅程，一直通向梦想的彼岸。雾霾里灯塔闪耀，指点着前进航向，旅途匆匆，青春易逝，愿用这些许的光阴为你保驾护航……

■ 咨询师的感悟

人在差途

王 鹏/文

　　出差的行程依旧没有停止，自己四十码的皮鞋也踏过了全国数百个城市，经常是早晨吃的北京餐，晚上又在品锡盟羊肉了，紧张而又充实的咨询师生活就在差旅中渡过了。

　　每一次出差我都拉着那个蓝黑色行李箱，里面简约而不简单，有工作服装，如几件换洗的白衬衣，一条备用的黑色西裤，也有尽管会带但不一定能穿的休闲装，还有杂七杂八的各种充电线。

　　每一次出差都会给老妈报备，这次去了南京、呼和浩特、青岛……老妈也会千叮万嘱，尽管所去的这些地方对她来说很陌生，但她一定会在晚上关注一下这个省的天气情况。

　　每一次出差都会换成各种交通工具，如飞机、高铁、卧铺火车、公交、地铁、的士等，而且会很快在各种交通工具上无障碍地择机睡觉，如果选择哪种最容易入睡，我会毫不犹豫地选择飞机，尽管它噪音最大。如果选择哪种最适合知识充电，那在高铁和卧铺之间我会比较倾向后者。

　　每一次出差都会让我感受到很多事情在默默地变化着，从工作细节到精益求精，从协作配合到到团队力量，从原来与客户交谈时的小心翼翼到逐步游刃有余的周旋，出差过程里每一件发生的事也逐渐地改变着我。

　　每一次出差都在紧张地检查资料与客户沟通、现场实施中度过，城市的美景总被有意无意地忽略掉，而每次在离开城市的火车站或飞机场总会安慰自己"下次一定抽出时间来这个城市走走"。

　　每一次出差在不同城市里穿梭，不记得具体的每一个细节，只看到厚厚一叠的车票、机票，也许到老年时，摸着这来自不同地方的车票，也会是一种满足。

明天又开始再一次出差。